# 하루 한 장
# 초등 경제 신문

문해력과 경제 상식을 동시에 키워주는

# 하루 한 장 초등 경제 신문

윤지선·김선 지음 | 퍼핀 감수

"나무를 베는 데 8시간이 주어진다면,
나는 도끼를 가는 데 6시간을 쓸 것이다."

　미국의 16대 대통령 에이브러햄 링컨께서 하신 말씀이에요. 우리가 어떤 일을 하기 위해서는 충분한 준비 시간이 필요하다는 말이지요.
　이 책은 〈매일경제신문〉의 원 기사를 우리 아이들이 쉽고 재미있게 이해하도록 현직 초등 선생님들이 다시 썼어요. 신문 기사가 좋은 읽기 자료이지만 어린이가 읽기엔 다소 어렵기 때문이지요.
　처음부터 어려운 글을 읽고 해석하라는 건 날이 뭉뚝한 도끼로 나무를 베라는 것과 같아요. 아이들이 충분히 워밍업을 할 수 있게 갈고닦을 시간을 줘야 해요. 그래서 읽기 쉬운 기사들을 제공하면서 비판적으로 사고할 수 있는 문제를 만들었답니다. 미래 사회를 이끌어갈 우리 아이들에게 가장 중요한 역량은 비판적으로 정보를 해석하고 분석하는 능력이거든요.

또, 이 책은 나선형 교육과정의 구조로 구성되어 있어요. 나선형 교육과정은 아이의 발달 단계에 맞게 쉬운 것에서 어려운 것으로, 나에서 가족, 이웃, 나라, 세계로 나를 구성하고 있는 세상의 범위를 확장하는 것을 말해요.

선생님들과 함께 경제신문을 통해 경제 이슈를 분석하고 시사 상식을 넓혀 봐요. 단순히 경제 용어를 외우기보다 핵심 질문에 답을 하면서 자연스럽게 문해력도 기를 수 있어요. 경제 데이터를 분석하면서 사고를 확장하고 메타인지도 기를 수 있답니다.

경제 지식과 메타인지 능력을 겸비한 미래 인재가 되기 위해 함께 공부해 봐요. 우리 어린이들이 이 사회의 일원으로 행복하게 성장하길 바랍니다.

2024년 6월
윤지선, 김선 선생님

### 이 책의 구성과 특징

이 책은 초등학생이 꼭 알아야 하는 경제 지식을 〈매일경제신문〉의 기사를 통해 전달합니다. 각 기사를 초등학생의 눈높이에 맞춰 풀어썼으며, 아이들이 쉽게 지문을 읽고 문제를 풀며 경제 상식을 키울 수 있도록 구성했습니다.

**제목**: 아이들에게 친숙한 주제로 경제 기사에 대한 친근감을 높였습니다.

**001**

#### 눈에 보이지 않는 위협, 1리터 생수병에 미세플라스틱 24만 개

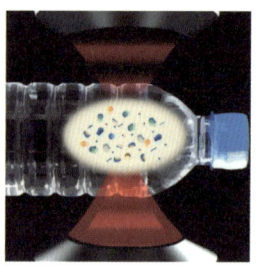

**미세플라스틱**은 작은 플라스틱 조각을 말합니다. 마모되거나 태양광 분해 등에 의해 잘게 부서지며 생성되지요. 크기가 작아 하수처리시설에 걸러지지 않고 바다와 하천으로 유입됩니다. 이를 먹이로 오인한 물고기가 미세플라스틱을 먹고, 다시 인간이 이 물고기를 먹는 **악순환**이 벌어지고 있지요. 물고기 외에 토양이나 식수 등에도 미세플라스틱이 **침투**하고 있습니다.

우리가 매일 마시는 생수에 작은 플라스틱 조각이 들어 있다는 사실을 알고 있나요? 연구 결과에 따르면, 1리터 생수 병 안에는 평균 24만 개의 미세플라스틱 **입자**가 들어 있다고 합니다. 이는 정말 많은 양이죠. 그렇다면 이 플라스틱은 어디에서 팀은 생수 속 미세플라스틱이 물을 병에 담기 전에 정수하는 데 사용에서 나온 것이라 추정했습니다. 뚜껑을 열거나 닫을 때, 페트병이 열도 입자들이 발생할 것으로 봤습니다. 이 문제를 해결하기 위해서는 선해야 합니다. 플라스틱 필터 대신 다른 재료를 사용하거나, 정수 리해야 하지요. 또한 우리 모두가 플라스틱 사용을 줄이고 재활용을 실천하는 것이 무척 중요합니다.

**기사 내용 관련**: 20년 이상 현직 선생님들이 아이들의 수준에 맞게 기존 신문 기사를 풀어썼습니다.

**어휘 쏙쏙**

- **미세플라스틱(microplastics)**: 크기 5mm 이하의 작은 플라스틱
- **악순환**: 나쁜 현상이 끊임없이 되풀이됨
- **침투**: 세균이나 병균 따위가 몸속에 들어옴
- **입자**: 물질의 일부로서 구성하는 물질과 같은 종류의 매우 작은 물체

**어휘 쏙쏙**: 사회 이슈에 대한 어휘를 쏙쏙 소개합니다. 상식뿐 아니라 문해력도 쏙쏙 자라납니다.

**The 똑똑하게 신문 읽기**: 긴 지문을 관통하는 주제를 찾을 수 있는 핵심 질문을 제시합니다.

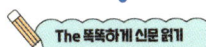 The 똑똑하게 신문 읽기

미세플라스틱이 생수에 생기는 이유는 무엇인가요?
_____

미세플라스틱을 줄이기 위해서는 어떤 노력을 해야 할까요?
_____

 쏙쏙 경제 데이터 분석

**쏙쏙 경제 데이터 분석**: 어디에서도 볼 수 없는 초등 눈높이에 맞춘 경제 상식을 모았습니다. 기사와 관련되어 더 깊이 알아야 하는 경제 이슈를 다뤄 사회를 바라보는 시야를 넓힙니다.

미국 생수 시장 점유율 톱5    점유율

| | |
|---|---|
| PB상품 | 34.8 |
| 아쿠아피나(펩시코) | 8.5 |
| 스마트워터(코카콜라) | 7.9 |
| ○○콜라 | 6.1 |
| ○○량(네슬레) | 6.1 |

2023년 5월 매출 기준
출처: 시장조사기관 서카나

은 2023년 5월 기준 150억 달러 규모로 1년 전보다 12% 급성
생수 시장 규모는 20조 원에 가까워요. 최근 소비 성향을 보면
로 몰리던 탄산음료를 기피하는 추세예요. 특히 코카콜라와 펩
료에만 집중하지 않고 생수 개발에 박차를 가했고, 2016년부터
생수 판매량이 탄산음료 판매량을 넘어섰어요.

**The 똑똑하게 생각하기**

전 세계적으로 오염되지 않은 식수에 대한 수요가 늘면 생기는 일이 아닌 것은 무엇인가요?
① 생수 시장이 축소된다.
② 생수 시장이 확대된다.
③ 생수 판매량이 늘어난다.
④ 생수 판매 기업의 매출이 늘어난다.

정답: ①

**The 똑똑하게 생각하기**: 메타인지 향상을 위해 스스로 경제 지식을 체크해 볼 수 있는 문제를 제시합니다.

**부록. 기사 원문 보기**: 관련 기사를 더 깊이 이해하고 싶은 어린이를 위해 QR코드를 넣어 원 기사를 읽을 수 있도록 구성했습니다.

## 목차

머리말 ·················································· 4
이 책의 구성과 특징 ······························· 6

## Part 1. 나

**001.** 눈에 보이지 않는 위협, 1리터 생수병에 미세플라스틱 24만 개 ·········· 16
**002.** 영화관이 아침 일찍 온 사람들에게 할인해 주는 이유 ·········· 18
**003.** 한 번 고객은 영원한 고객, 어린이 고객을 잡아라! ·········· 20
**004.** 코로나19 이후 소아비만이 늘었다!? 예방과 관리 적신호 ·········· 22
**005.** 맛있는 빅맥, 그 나라에서는 얼마예요? ·········· 24
**006.** 혹시 나도 영츠하이머? ·········· 26
**007.** 기업에 '혼쭐'내고 '돈쭐'내는 소비자 트렌드 ·········· 28
**008.** 모르면 손해 넘어 피해, 학교에서 경제·금융을 배우다 ·········· 30
**009.** 단돈 천 원도 안 되는 상품 쏟아지는 곳 어디? ·········· 32
**010.** 급식실 특명, 잔반을 줄이고 환경을 지켜라! ·········· 34
**011.** 탕후루와 포켓몬빵, 인기가 많아지면 몸값이 올라가는 이유 ·········· 36
**012.** 요금제를 마음대로 선택, 통신사 울타리 밖으로 나가는 이용자들 ·········· 38
**013.** 잘파세대가 세뱃돈을 받으면 생기는 일 ·········· 40

014. 늘어난 무인점포, 빛과 그림자는 무엇일까? ········· 42

015. 왜 사람마다 신용 점수가 다를까? ········· 44

016. 삼겹살 1인분에 2만 원 시대 ········· 46

017. 매운맛 챌린지 열풍 타고 K라면 신드롬 ········· 48

018. 초등학교 입학하면 20만 원 드려요. 교육비 지원이 늘어나는 이유 ········· 50

019. 뉴진스는 아는데 누진세는 무엇일까? ········· 52

020. 금메달 따고 받은 포상금에도 세금이 부과될까? ········· 54

## Part 2. 가족

021. 청첩장·부고장 이어 과태료 안내까지… 손대는 순간 다 털린다 ········· 58

022. 중고차 살 때도 클릭, 거래 57%가 온라인 ········· 60

023. 한우 vs 실속세트 설 선물 양극화 가속 ········· 62

024. 어차피 다시 안 볼 손님? 지역축제 바가지 논란과 방지 대책 ········· 64

025. 주차할 곳 없어 매일 주차 전쟁, 어떻게 해결할까? ········· 66

026. 세 자녀 있는 가족은 열차 반값에, 다자녀 복지의 효과 ········· 68

027. 야근·주말 근무 금지하고 출산 선물 지원하는 '가족친화기업' 인증제 ········· 70

028. 월급 절반이 학원비로!? 가정 경제에 부담을 주는 사교육비 ········· 72

029. "예쁜 내 강아지, 아프면 어떡하지?" 펫보험 시장 급성장 ········· 74

030. 집 사는 데 세금을 1억 원 내라고요? ········· 76

031. 잘 받던 연금 갑자기 뚝 끊겨, 기초연금의 위기 ········· 78

032. "나이 들어 아프면 누가 돌봐주죠?" 초고령사회에 노인 간병 부담 ········ 80

033. 국제결혼 이제는 진짜 대세로 ···································· 82

034. 법으로 불효자를 막는다!? 부모와 자식 간의 상속과 증여 ············· 84

035. 어렵게 모은 3만 원을 기부한 세 아이 아빠, 기부도 경제 활동 ········ 86

036. 재테크와 교육을 한 번에, 재듀테크 뜬다 ·························· 88

037. "음주운전 가해자, 피해가족 양육비 내라." 한국판 벤틀리법 ·········· 90

038. 집과 회사 오가며 '하이브리드 근무', 중소기업에 더 많은 이유 ······· 92

039. "능력은 있는데 경력이 끊겨서." 경력단절 여성이 고용난 해결할 열쇠? ···· 94

040. 부자들 10명 중 4명은 매일 가족과 식사한다 ······················ 96

# Part 3. 이웃

041. 어린이 고객 어서 오세요! 노키즈존 아닌 웰컴 키즈존 ·············· 100

042. 짠테크 끝판왕의 중고거래 ···································· 102

043. 붕어빵 가게가 줄어든 이유 ··································· 104

044. 로봇이 서빙을 한다고? 사람과 로봇의 협업 시대 ················· 106

045. 내 최애 아이돌이 가상인간이래요 ······························ 108

046. 꼭 구입해야 하나요? 빌려 쓰는 공유 경제 시대 ·················· 110

047. 외국인 유학생 20만 명 시대 ·································· 112

048. 용량은 그대로인데 가격만 꼼수 인상, 슈링크플레이션 현상 ········ 114

049. 마스크 벗고 돈 좀 써볼까? 참아온 시간을 보복하듯 소비하다 ······ 116

050. 프랑스 정부가 수영장 100개를 채울 만큼 많은 양의 와인을 버린 이유 … 118

051. 환경을 보호하면 나랏빚을 깎아준다!? 환경과 부채의 맞교환 ………… 120

052. 우리 것이 힙하네! 지역 특색으로 일으키는 경제 효과 ……………… 122

053. 톡톡 튀는 체험형 매장, 공간 자체가 마케팅이 되는 마법 …………… 124

054. 돈 돈 돈의 역사 ……………………………………………………… 126

055. 부모 속 태우는 등골 브레이커를 아시나요? ………………………… 128

056. 돈으로 시간을 살 수 있나요? ………………………………………… 130

057. 충동구매 멈춰! 통장이 텅장이 안 되려면 …………………………… 132

058. 손흥민 선수는 어느 나라에 세금을 낼까요? ………………………… 134

059. "신고 안 했잖아~" 독일 공항에서 붙잡힌 터미네이터 ……………… 136

060. 층간소음은 어떻게 해결해야 할까요? ………………………………… 138

# Part 4. 나라

061. 이대로면 생산인구 35년 후 반토막… 일손·군대·학교도 소멸 위기 …… 142

062. 어른들이 더 좋아하는 장난감, 키덜트 시장이 자란다 ……………… 144

063. 3조 8,800억 원, 폐기된 화폐 ………………………………………… 146

064. 한국인 경제 이해력 60점 안 돼 ……………………………………… 148

065. 한국인의 해외여행 사랑, 지난해 카드로 25조 원 긁었다 …………… 150

066. 한국 자동차 왜 이렇게 잘나가지? …………………………………… 152

067. 매주 일요일 대형마트서 장보고 지방에서도 새벽 배송 가능 ……… 154

**068.** 한국 우유는 왜 비쌀까? ········· 156

**069.** 소비자물가 3.1% 상승… 두 달 연속 3%대 ········· 158

**070.** 문화재 테러, 강력 처벌 본보기 보여야 ········· 160

**071.** K디스카운트 해소 땐 1인당 1,400만 원 이득 ········· 162

**072.** 넓어진 K콘텐츠 지도 ········· 164

**073.** '한 돈' 돌 반지 40만 원 웃돌아… 가계 팍팍한데, 내다 팔아? ········· 166

**074.** 극지연구소, 200년 대기 비밀 밝힌다 ········· 168

**075.** 이 나라가 한국 라면에 빠졌다고? ········· 170

**076.** 이젠 알바생 안 써도 되겠네 ········· 172

**077.** 500만 돌파한 노인가구, 36%는 혼자 산다 ········· 174

**078.** 김포에서 잠실까지 15분, 손님 태우고 하늘 나는 택시 ········· 176

**079.** 머나먼 내 집 마련, 서울 주택보급률 13년 만에 최저 ········· 178

**080.** 의대 정원 늘려도… 외과 대신 '피부과' 불 보듯 ········· 180

# Part 5. 세계

**081.** 초콜릿은 신이 내린 선물이라고? ········· 184

**082.** 빨리 만들고, 빨리 팔린다. '패스트패션' 시장 ········· 186

**083.** 나사에서 새로운 우주비행사 찾습니다! 너도 도전해 볼래? ········· 188

**084.** 너무 많이 와서 골치, 오버투어리즘 현상과 해결책 ········· 190

**085.** 쓰레기 분리수거만 해도 포인트 적립, 순환하는 경제 ········· 192

086. 진짜처럼 보이는 가짜, 딥페이크 기술의 빛과 그림자 ········· 194

087. 4D 작업을 수행하는 로봇, 안전한 미래 만들어 줄까? ········· 196

088. 스스로 죽음을 선택할 권리, 안락사를 둘러싼 논란 ········· 198

089. 화폐 속 주인공은 누가 되는 걸까? ········· 200

090. 엔화 가치가 떨어지면 일본 여행객이 늘어나는 이유 ········· 202

091. 세상에서 가장 행복한 나라 ········· 204

092. 얼마나 경제력이 있는 나라일까? GDP의 의미 ········· 206

093. 미국이 기침하면 한국이 감기에 걸린다!? ········· 208

094. 회색 코뿔소와 검은 백조, 위험에도 종류가 있다 ········· 210

095. 이제 식량이 무기, 전쟁이 불러온 식량 위기 ········· 212

096. 1살이 아니라 101살이라고요? ········· 214

097. 세계 최고 부자들의 줄다리기 ········· 216

098. 세계 최초의 암호화폐, 비트코인이 뭐길래? ········· 218

099. 케첩 한 번 뿌려도 "돈 내세요." 스텔스플레이션 현상 ········· 220

100. G20 정상회의, 어떤 나라가 참여하고 무엇을 의논할까? ········· 222

부록. 기사 원문 보기 ········· 224

## 눈에 보이지 않는 위협, 1리터 생수병에 미세플라스틱 24만 개

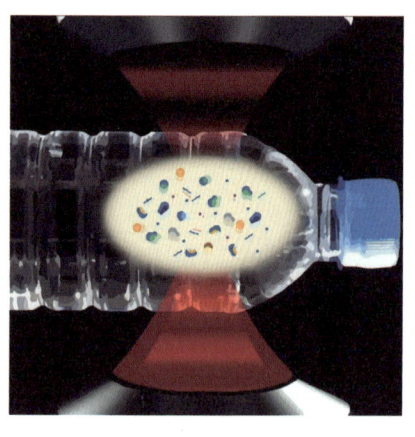

**미세플라스틱**은 작은 플라스틱 조각을 말합니다. 마모되거나 태양광 분해 등에 의해 잘게 부서지며 생성되지요. 크기가 작아 하수처리시설에 걸러지지 않고 바다와 하천으로 유입됩니다. 이를 먹이로 오인한 물고기가 미세플라스틱을 먹고, 다시 인간이 이 물고기를 먹는 **악순환**이 벌어지고 있지요. 물고기 외에 토양이나 식수 등에도 미세플라스틱이 **침투**하고 있습니다.

우리가 매일 마시는 생수에 작은 플라스틱 조각이 들어 있다는 사실을 알고 있나요? 연구 결과에 따르면, 1리터 생수 병 안에는 평균 24만 개의 미세플라스틱 **입자**가 들어 있다고 합니다. 이는 정말 많은 양이죠. 그렇다면 이 플라스틱은 어디에서 오는 걸까요? 연구팀은 생수 속 미세플라스틱이 물을 병에 담기 전에 정수하는 데 사용되는 플라스틱 필터에서 나온 것이라 추정했습니다. 뚜껑을 열거나 닫을 때, 페트병이 열에 노출될 때 등에서도 입자들이 발생할 것으로 봤습니다. 이 문제를 해결하기 위해서는 생수 제조 과정을 개선해야 합니다. 플라스틱 필터 대신 다른 재료를 사용하거나, 정수 과정을 더 꼼꼼히 관리해야 하지요. 또한 우리 모두가 플라스틱 사용을 줄이고 재활용을 실천하는 것이 무척 중요합니다.

### 어휘 쏙쏙

- **미세플라스틱(microplastics)**: 크기 5mm 이하의 작은 플라스틱
- **악순환**: 나쁜 현상이 끊임없이 되풀이됨
- **침투**: 세균이나 병균 따위가 몸속에 들어옴
- **입자**: 물질의 일부로서 구성하는 물질과 같은 종류의 매우 작은 물체

 **The 똑똑하게 신문 읽기**

미세플라스틱이 생수에 생기는 이유는 무엇인가요?
_____

미세플라스틱을 줄이기 위해서는 어떤 노력을 해야 할까요?
_____

**쓱쓱 경제 데이터 분석**

### 미국 생수 시장 점유율 톱5

| 순위 | 점유율 |
|---|---|
| PB상품 | 34.8 |
| 아쿠아피나(펩시코) | 8.5 |
| 글라소스마트워터(코카콜라) | 7.9 |
| 다사니(코카콜라) | 6.1 |
| 폴란드스프링(네슬레) | 6.1 |

2023년 5월 매출 기준
출처: 시장조사기관 서카나

미국 생수 시장은 2023년 5월 기준 150억 달러 규모로 1년 전보다 12% 급성장했어요. 한 달 생수 시장 규모는 20조 원에 가까워요. 최근 소비 성향을 보면 '비만의 주범'으로 몰리던 탄산음료를 기피하는 추세예요. 특히 코카콜라와 펩시코는 탄산음료에만 집중하지 않고 생수 개발에 박차를 가했고, 2016년부터 생수 판매량이 탄산음료 판매량을 넘어섰어요.

**The 똑똑하게 생각하기**

전 세계적으로 오염되지 않은 식수에 대한 수요가 늘면 생기는 일이 아닌 것은 무엇인가요?
① 생수 시장이 축소된다.
② 생수 시장이 확대된다.
③ 생수 판매량이 늘어난다.
④ 생수 판매 기업의 매출이 늘어난다.

정답: ①

## 002
## 영화관이 아침 일찍 온 사람들에게 할인해 주는 이유

영화관에 가 보면 시간에 따라 영화 **관람료**가 다른 것을 알 수 있습니다. 보통 이른 아침 시간대에 보는 영화는 저녁 시간대보다 30% 정도 저렴합니다. 같은 영화인데 왜 이런 차이가 있을까요?

경제학자들은 이렇게 설명합니다. 아침에 영화를 보는 사람들은 주로 학생이나 노인같이 돈이 많지 않은 사람들입니다. 이들은 가격에 민감하기 때문에 저렴한 시간대에 영화를 보려고 하지요. 반면 직장인들은 주머니 사정이 여유로워서 가격을 크게 신경 쓰지 않고 자신의 스케줄에 맞춰 영화를 봐요. 이렇게 **구매력**에 따라 차이가 생기게 됩니다. 또 다른 이유는 **기회비용** 때문이에요. 학생이나 노인들은 영화를 보는 동안 포기해야 할 일이 많지 않지만, 직장인들은 영화를 보는 동안 일을 할 수 없어 돈을 벌지 못하게 됩니다. 그래서 직장인들은 영화 관람료 외에도 기회비용까지 고려해야 하지요.

이처럼 영화관이 시간대별로 가격을 다르게 **책정**하는 이유는 고객들의 구매력과 기회비용이 다르기 때문입니다. 이를 통해 영화관은 더 많은 이윤을 얻을 수 있고, 가격이 저렴한 시간대에 영화를 볼 수 있는 기회도 제공합니다. 이와 비슷한 예로 여행 산업에서도 평일과 주말, 성수기와 비수기에 따라 숙박료가 다릅니다. 이 역시 고객들의 구매력과 기회비용 차이 때문이지요. 이런 가격 정책을 잘 활용하면 조금 더 합리적인 소비를 할 수 있겠지요?

### 어휘 쏙쏙

- **관람료**: 영화, 운동 경기, 미술품 따위를 구경하기 위하여 내는 요금
- **구매력**: 개인이나 단체가 어떤 재화나 용역을 살 수 있는 재력
- **기회비용**: 어떤 선택으로 인해 포기된 기회들 가운데 가장 큰 가치를 갖는 기회 자체 또는 그러한 기회가 갖는 가치
- **책정**: 계획이나 방책을 세워 결정함

### The 똑똑하게 신문 읽기

같은 영화인데 왜 가격 차별이 있을까요?

___

시간대에 따라 영화 관람료는 얼마나 차이가 생기나요?

___

### 쏙쏙 경제 데이터 분석

**시장 가격 차별(제3도 가격 차별)**

같은 상품을 상황과 소비자 특성에 따라 다른 가격에 판매하는 전략이 있어요. 청소년에게는 더 저렴하게 판매하는 영화표, 지역 주민에게 할인 혜택을 주는 스포츠 입장료, 성수기에 더 비싸지는 숙박업소 요금이 대표적이에요. 판매자는 가격을 동일하게 유지할 때보다 더 많은 이윤을 얻기 위해 가격을 변동시키며 판매한답니다.

MR: 한계수입. 물건을 하나 더 팔 때 얻는 수입
MC: 한계비용. 물건을 하나 더 만들 때 드는 비용

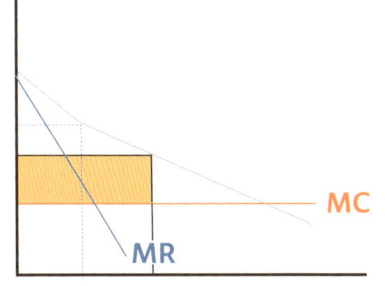

### The 똑똑하게 생각하기

4인 가족(엄마, 아빠, 청소년 2명)이 주말 일반 시간대에 영화를 볼 때의 가격과 주말 모닝(조조할인)으로 영화를 볼 때의 가격 차이는 얼마인가요?

① 16,000원
② 17,000원
③ 18,000원
④ 19,000원

**리클라이너(2D 요금)**

| 요일 | 시간대 | 일반 | 청소년 |
|---|---|---|---|
| 월~목 | 모닝(06:00~) | 9,000 | 7,000 |
| | 브런치(11:01~) | 11,000 | 9,000 |
| | 일반(13:01~) | 13,000 | 10,000 |
| | 심야(23:01~) | 11,000 | 9,000 |
| 금~일 (공휴일) | 모닝(06:00~) | 10,000 | 7,000 |
| | 브런치(11:01~) | 14,000 | 11,000 |
| | 일반(13:01~) | 14,000 | 11,000 |
| | 심야(23:01~) | 11,000 | 9,000 |

정답: ①

## 한 번 고객은 영원한 고객, 어린이 고객을 잡아라!

코로나19는 우리 생활에 많은 변화를 가져왔어요. 특히 집에서 보내는 시간이 많아지면서 부모님들은 아이들이 집에서도 재미있게 배우고 놀 수 있는 방법을 찾기 시작했어요. 이런 변화를 눈치챈 통신사와 회사들은 키즈 **콘텐츠** 시장에 더 많은 관심을 가지기 시작했답니다.

이렇게 회사들이 어린이 콘텐츠에 관심을 기울이는 이유는 한 번 고객은 영원한 고객이라는 말처럼 우리가 한 번 어떤 제품이나 서비스를 사용하기 시작하면 다른 제품이나 서비스로 바꾸기 어려워지기 때문이에요. 이런 현상을 '**록인효과**'라고 해요. 어린이가 처음 사용한 스마트폰이 있다고 해 볼까요. 이 스마트폰이 마음에 들어서, 스마트 시계나 무선 이어폰 같은 다른 기기도 같은 **브랜드**로 맞추게 될 수 있지요. 이렇게 되면, 나중에 다른 브랜드의 제품으로 바꾸고 싶어도 이미 사용하고 있는 제품들과 잘 맞지 않을 수 있고, 새로운 것을 배우고 적응하는 데 시간과 노력이 들기 때문에 계속 같은 브랜드의 제품을 사용하게 돼요.

어린이나 청소년들이 한 번 좋아하는 브랜드를 찾으면 오랫동안 그 브랜드의 제품을 사용할 가능성이 높아요. 이에 여러 회사는 어린이 고객 찾기 경쟁에 돌입한 거랍니다. 이렇게 록인효과는 우리가 한 번 선택한 제품이나 서비스를 계속 사용하게 만드는 중요한 이유가 돼요. 그래서 새로운 것을 선택할 때는 잘 생각해 보고 결정하는 것이 중요하답니다.

### 어휘 쏙쏙

- **콘텐츠**: TV나 인터넷에서 전달하는 정보
- **록인효과(Lock-in Effect)**: 록인은 '가두다'라는 의미를 가지고 있음. 특정 물건이나 서비스를 계속 사용하도록 묶어두는 효과
- **브랜드**: 상표. 다른 상품과 구분하기 위해 쓰는 명칭, 디자인, 기호

회사는 왜 어린이 고객에게 관심을 기울일까요? 록인효과를 예로 들어 말해 보세요.

### 록인효과

록인효과는 한 번 어떤 제품이나 서비스에 익숙해지면 다른 것을 사용하기 어려워지는 현상을 말해요. 예를 들면 아이폰을 사용하는 사람이 안드로이드폰으로 바꾸기 어려워지는 것처럼 말이죠.

○○페이가 휴대폰 속에 있어서 휴대폰을 바꾸기 힘든 경우

온 가족 결합 할인 때문에 통신사를 바꾸기 힘든 경우

친구들이 모두 사용하는 카톡을 사용해야 하는 경우

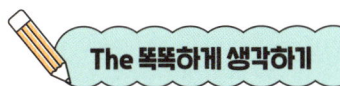

여러분이 회사의 사장님이라면 록인효과를 이용해 어떤 상품을 개발할 수 있을까요?

## 004
## 코로나19 이후 소아비만이 늘었다!? 예방과 관리 적신호

최근 들어 소아 **비만**이 크게 늘어나고 있습니다. 코로나19로 인해 야외 활동이 줄어들고 온라인 수업이 늘어나면서 아이들의 신체활동이 부족해졌기 때문이에요. 불규칙한 수면과 게임, 온라인 수업 등 **좌식 생활**이 늘어나고 식습관도 나빠지면서 소아 비만이 더욱 심각해지고 있습니다. 실제로 통계에 따르면 20세 미만 비만 환자가 2015년 1,837명에서 2019년 3,812명으로 2배 이상 늘었어요. 전체 비만 환자 중 소아청소년의 비중도 11.3%에서 16.3%로 증가했지요. 코로나19 이후, 그 증가 속도가 더욱 빨라진 것으로 보여요.

소아 비만은 단순히 살이 찐 것으로 끝나지 않습니다. 성인 비만과 마찬가지로 당뇨, 고혈압, 고지혈증 등 다양한 **성인병**의 원인이 될 수 있어요. 또한 **성조숙**과의 연관성도 의심되며 심리적으로 예민한 소아청소년의 특성상 사회생활, 학교생활에서도 자존감이나 따돌림, 학업성적 등에 영향을 미칠 수 있기 때문에 반드시 조절이 필요합니다. 이처럼 소아 비만은 심각한 합병증을 동반할 수 있기 때문에 예방과 관리가 중요합니다. 하지만 코로나19로 인해 소아 비만이 더욱 증가하고 있어 우려되는 상황이에요. 앞으로 정부와 의료계, 학교 등 다양한 기관이 협력하여 소아 비만 문제에 적극적으로 대응해야 할 것입니다.

### 어휘 쏙쏙

- **비만**: 체질량지수가 성별과 나이를 기준으로 백분위수가 85~94.9이면 과체중, 95 이상이면 비만으로 정의
- **좌식 생활**: 방과 마루 따위의 바닥에 앉아서 일을 하거나 지내는 생활
- **성인병**: 중년 이후에 문제되는 병을 통틀어 이르는 말
- **성조숙**: 어린아이의 생식 기관이 어른과 같은 생식 기능을 할 정도로 발육하는 일

 **The 똑똑하게 신문 읽기**

코로나19 이후 소아 비만이 늘고 있는 이유는 무엇인가요?

___

소아 비만이 되면 어떤 문제가 생길 수 있나요?

___

 **쏙쏙 경제 데이터 분석**

### 우리나라 남녀 평균 몸무게 증가

우리나라 남녀 평균 몸무게는 10년 전에 비해 증가했어요. 초등학생 평균 몸무게는 남자는 3.0kg, 여자는 1.1kg 늘었어요. 중학생의 경우 남자 5.1kg, 여자 1.3kg, 고등학생은 남자 4.4kg, 여자 2.8kg 증가했지요. 비만도를 알 수 있는 평균 체질량지수(BMI)는 남자가 20.7에서 21.4로, 여자는 19.8에서 20.0으로 증가했어요. BMI 23~24.9는 과체중, 25~29.9는 경도비만, 30 이상은 중도비만으로 구분돼요.

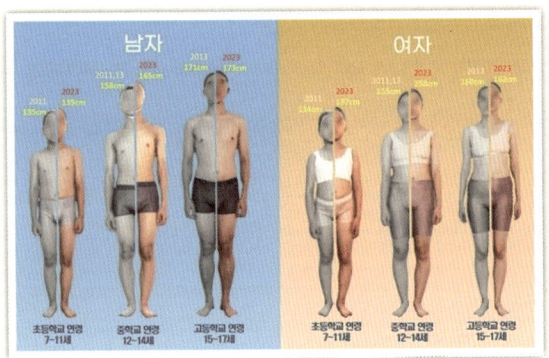

 **The 똑똑하게 생각하기**

**청소년기 건강 관리를 위한 좋은 방법이 아닌 것을 고르세요.**
① 규칙적인 운동과 균형 잡힌 식단 유지
② 충분한 수면 취하기
③ 탄산음료와 패스트푸드 즐기기
④ 온라인 활동을 줄이고 오프라인 활동 늘리기

ⓒ 정답: ③

## 005 맛있는 빅맥, 그 나라에서는 얼마예요?

최근 우리나라에서 유명 패스트푸드 업체들의 메뉴 가격이 올랐다는 소식이 들려왔습니다. 맥도날드는 전체 메뉴 중 16개 메뉴의 가격을 평균 2.8% 인상했지요. 이는 2023년 11월 이후 약 6개월 만에 이루어진 가격 조정입니다. 맥도날드는 원  부자재 가격, 물류비, 인건비 등 **제반 비용**이 상승하면서 가격 인상이 불가피했다고 설명했어요. 대표 메뉴인 빅맥과 맥스파이시 상하이 버거 단품 가격은 **동결**되었지만, 세트 가격은 6,900원에서 7,200원으로 300원 올랐습니다. 피자헛도 이날부터 갈릭버터쉬림프와 치즈킹 2종의 메뉴 가격을 약 3.3% 인상했습니다. 피자헛은 2023년 6월 원자재 가격과 인건비 상승 등을 이유로 가격을 올렸었는데, 이번에는 고객의 품질 만족도 향상을 이유로 추가 인상을 결정했지요.

이처럼 유명 패스트푸드 업체들의 메뉴 가격 인상은 우리나라의 물가 상승을 보여주는 지표가 될 수 있습니다. **빅맥지수**는 빅맥 가격을 기준으로 각국의 통화 가치를 비교하는 경제 지표인데, 한국의 빅맥 가격이 상승하면 원화 가치가 상대적으로 낮아진 것으로 해석될 수 있지요. 따라서 이번 가격 인상은 한국 경제의 구매력 약화를 보여줄 수 있는 지표로 활용될 수 있답니다.

### 어휘 쏙쏙

- **제반 비용**: 기업이나 단체가 운영되는 데 필요한 다양한 비용을 의미
- **동결**: 자산이나 자금 따위의 사용이나 변동이 금지됨
- **빅맥지수**: 각국에 진출한 미국 맥도날드 햄버거의 대표 메뉴인 빅맥 가격을 통해 각국 통화의 구매력과 환율 수준을 평가하기 위해 만든 지수

햄버거 가격이 오른 이유는 무엇인가요?

___

빅맥지수란 무엇인가요?

___

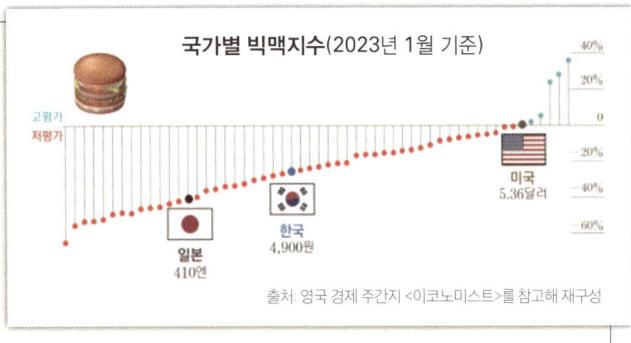

2023년 1월 기준으로 외환 시장에서 원/달러 환율은 1,235.45원이에요. 한국에서 빅맥 한 개를 살 수 있는 4,900원을 실제 원/달러 환율 1,235.45원으로 나누면 3.97달러가 나오지요. 실제 미국의 빅맥 가격 5.36달러와 차이가 있어요. 한국에서는 빅맥 하나를 살 때 4,900원이 필요하지만 미국에서 빅맥 하나를 사려면 원화로 6,622원(1,235.45원×5.36달러)이 필요해요. 이처럼 구매력 평가설을 기반으로 한 빅맥지수와 실제 외환 시장에서 결정되는 환율은 차이를 보여요. 따라서 빅맥지수는 구매력을 반영해 계산한 환율이 실제 환율에 비해 어느 정도 수준인지를 가늠하는 지표로 활용되고 있어요. 빅맥지수에 따르면, 2023년 1월 기준 원화 가치는 달러화에 비해 26.0% 저평가되어 있다고 판단할 수 있어요.

빅맥지수는 어디에 활용할 수 있는 지표인가요?
① 각 나라의 물가 수준을 비교할 수 있는 지표
② 각 나라의 경제 성장률을 비교할 수 있는 지표
③ 각 나라의 실업률을 비교할 수 있는 지표
④ 각 나라의 환율을 비교할 수 있는 지표

정답: ①

## 혹시 나도 영츠하이머?

**디지털 치매**는 스마트폰이나 컴퓨터 등 디지털 기기를 과도하게 사용해 기억력과 계산 능력이 저하되는 상태를 말합니다. 특히 젊은 층에서 많이 발생하고 있어 '**영츠하이머**'라고도 불리지요. 국내 인터넷 이용자들은 하루 평균 3시간 이상 휴대폰을 사용하고 있다고 해요. 모바일, 인터넷 등에 많은 시간을 쓰게 되면서 뇌가 쉬지 못해 디지털 치매 위험이 높아지고 있습니다. 디지털 치매를 예방하기 위해서는 먼저 디지털 기기 사용을 줄이는 것이 중요합니다.

서울시에서는 '1.1.1 운동'을 제시하였는데 일주일에 한 번, 한 시간씩 휴대폰을 끄자는 것입니다. 일주일은 총 168시간, 이 중 1시간만이라도 휴대폰을 끄자는 것이지요. 다음은 대화, 걷기, 달리기를 하는 것입니다. 달리기는 뇌의 신경세포를 성장시켜 주고 걷기는 심리적 안정감을 주며 대화는 뇌의 능력을 자극할 수 있습니다. 직장인들의 경우 **멀티태스킹**을 자제하고 일을 순서대로 처리하는 것이 좋습니다. 마지막으로 숙면을 취하는 것이 중요한데, 휴대폰 대신 책을 읽는 것이 수면에 도움이 될 수 있습니다. 우리 다 같이 건강한 생활습관으로 디지털 치매를 예방할 수 있도록 노력해 봐요.

### 어휘 쏙쏙

- **디지털 치매**: 디지털 기기에 지나치게 의존하여 기억력이나 계산력이 크게 떨어진 상태
- **영츠하이머**: young(젊은)과 alzheimer(알츠하이머)의 합성어로 비교적 나이가 어린 20대나 30대에 나타나는 증상
- **멀티태스킹**: 동시에 여러 개의 작업을 수행하는 일

**The 똑똑하게 신문 읽기**

영츠하이머에 걸리게 되는 이유는 무엇인가요?

---

서울시에서 제시하는 '1.1.1 운동'은 어떤 것인가요?

---

**쏙쏙 경제 데이터 분석**

### 스마트폰 과의존 실태조사 결과

과학기술정보통신부의 '2023 스마트폰 과의존 실태조사' 결과에 따르면 국민 4명 중 1명(23.1%)은 스마트폰 과의존 위험군에 해당된다고 해요. 특히 중독성 높은 콘텐츠로 꼽히는 틱톡이나 유튜브 숏츠 같은 숏폼은 국민 73.5%가 시청하고 있다고 하고요. 그중 23.0%가 숏폼 시청 조절이 어렵다고 답할 정도이니 디지털 디톡스가 필요한 때입니다.

디지털 디톡스: 한시도 쉬지 않고 사용하는 스마트폰, 컴퓨터, 노트북 등을 전혀 사용하지 않으며 휴식을 취하는 것을 의미

 **The 똑똑하게 생각하기**

**영츠하이머를 예방하기 위한 방법으로 적절하지 않은 것은 무엇인가요?**
① 규칙적인 운동과 건강한 식습관
② 스마트폰 사용 줄이기
③ 가족과의 대화와 산책
④ 멀티태스킹으로 뇌를 활성화하기

정답: ④

# 007
# 기업에 '혼쭐'내고 '돈쭐'내는 소비자 트렌드

최근에는 착한 일을 한 사람들을 응원하는 새로운 문화가 생겨났습니다. 이것을 '돈쭐'이라고 합니다. 서울 홍대의 한 치킨집 점주가 형편이 어려운 어느 형제에게 치킨을 무료로 대접했다는 소식이 알려졌어요. 이 소식을 들은 시민들은 치킨집에  전화해 격려를 하거나 응원 메시지를 보냈고, 멀리서도 주문이 쏟아졌다고 하지요. 감당하기 어려울 만큼 주문이 빗발쳐 영업을 중단했을 정도라고 하는데요, 점주는 돈쭐 주문으로 얻은 이익과 후원금을 마포구청 꿈나무 지원 사업에 기부하며 미담을 이어갔습니다.

이처럼 착한 일을 한 사람들에게 사람들이 돈쭐로 응원하는 문화는 MZ세대를 중심으로 확산되고 있습니다. MZ세대의 신념과 가치관에 따라 소비하는 **가치 소비**는 이전 세대보다 훨씬 더 적극적입니다. 불매 운동도 단순히 거부에서 나아가, 불매 대상 기업 제품인지를 바코드로 판별하는 사이트를 개설할 정도예요. 이런 모습은 20세기 미국에서 시작된 '정치적 올바름' 중시 문화가 21세기 MZ세대 사이에서 '경제적 올바름'으로 확장돼서 나타나는 모습과 유사합니다. 불매 운동이 **보이콧**이라면 돈쭐은 '**바이콧**'이라 할 수 있지요. MZ세대의 명확하고 적극적인 **신상필벌**에 기업들의 사회적 책임 경영 공식도 달라지는 분위기입니다.

 어휘 쏙쏙

- **가치 소비**: 경제 소비자가 광고나 브랜드 이미지에 휘둘리지 않고 본인의 가치 판단을 토대로 제품을 구매하는 합리적인 소비 방식
- **보이콧(boycott)**: 특정한 제품을 사지 않기로 결의하여 그 생산자에게 압박을 가하는 조직적 운동
- **바이콧(buycott)**: 사회적 선행에 대해 금전적으로 지지하는 행동
- **신상필벌**: 공이 있는 사람에게는 반드시 상을 주고, 죄가 있는 사람에게는 반드시 벌을 준다는 뜻

### The 똑똑하게 신문 읽기

MZ세대의 가치 소비란 무엇인가요?

_____

보이콧과 바이콧의 차이를 설명할 수 있나요?

_____

### 쏙쏙 경제 데이터 분석

**가치소비 관련 인식**

**78.1%**
물건 하나를 사더라도 개념 있는 소비를
하려는 사람들이 많아진 것 같다.

**70.5%**
나의 소비가 누군가에게 도움이 된다면
그것만으로도 행복하다.

선한 가게에 돈쭐을 내는 소비자는 어떤 인식을 가지고 있을까요? 한 시장조사에 따르면, 소비자 10명 중 7명은 "내 소비가 누군가에게 도움이 된다면 그것만으로도 행복하다"고 답했어요.

### The 똑똑하게 생각하기

우리가 할 수 있는 착한 소비가 아닌 것은 무엇일까요?
① 공정무역 제품 구매하기
② 중고 물품 구매하기
③ 환경친화적인 제품 구매하기
④ 비윤리적 기업 제품 구매하기

정답: ④

## 모르면 손해 넘어 피해, 학교에서 경제·금융을 배우다

008

　2024년부터 대구에 있는 모든 학교에서 새로운 경제·금융교육이 시작된다고 해요. 대구시교육청에서는 이를 위해 2억 원이라는 큰 예산을 **투입**했지요. 이 경제·금융교육은 크게 세 가지 목표를 가지고 있습니다. 첫째는 경제·금융교육의 기반을 마련하는 것, 둘째는 새로운 교육 자료를 개발하는 것, 셋째는 선생님들의 교육 **역량**을 높이는 것입니다. 이를 위해 모든 학교에서 학교급별 1개 학년 이상, 5**차시** 이상으로 경제·금융교육을 받게 될 것이라고 합니다. 선생님들은 여러 가지 방법으로 이 수업을 진행할 수 있게 됩니다. 예를 들어 국어, 수학 등 교과 수업에서 경제와 금융에 대해 배울 수도 있고, 창의적 체험활동이나 자유학기 활동 시간에도 배울 수 있게 될 것입니다.

　이미 대구시교육청에서는 지난해 학교급별로 15회차가량의 경제·금융교육 프로그램과 진단 도구를 만들어 보급했습니다. 아울러 대구시교육청은 경제·금융 동아리 60개 팀을 선정해 팀당 100만 원씩 지원하고, 경제·금융교육 **중점학교** 3개교를 지정해 1,000만 원씩 지원할 계획이라고 합니다. 선생님들의 역량 강화를 위해서도 노력하고 있는데요, 경제·금융교육 교원연구회 3팀을 운영하고, 교장 선생님과 교감 선생님 그리고 선생님들을 대상으로 하는 연수도 진행할 예정이라고 합니다. 학생들을 위한 경제 캠프 및 학부모님을 위한 특강도 마련된다고 합니다.

### 어휘 쏙쏙

- **투입**: 사람이나 물자, 자본 따위를 필요한 곳에 넣음
- **역량**: 어떤 일을 해낼 수 있는 힘
- **차시**: 단원별로 가르쳐야 하는 교과 내용 전체를 시간별로 쪼갠 것
- **중점학교**: 학생들이 특성화된 교육을 받을 수 있도록 중점 과정을 설치·운영하는 학교

 **The 똑똑하게 신문 읽기**

대구시에서 시작되는 경제·금융교육은 어떤 특징이 있나요?

___

모든 학생에게 경제교육을 실시하려는 목적은 무엇일까요?

___

 **쏙쏙 경제 데이터 분석**

초중고 경제 이해력 조사 결과
학교급별 경제 이해력 평균점수

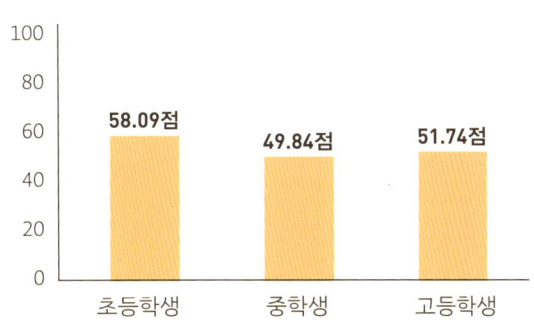

2030세대의 재테크 열풍이 뜨겁지만 정작 미래의 젊은 세대인 초·중·고등학생의 경제 이해력은 낙제 수준인 것으로 나타났어요. 한국개발연구원(KDI)에 따르면 2023년 11월 초·중·고 학생 1만 5,000명(각 5,000명)을 대상으로 경제이해력 조사를 실시한 결과, 전국 평균 점수는 초등학생이 58.09점으로 그나마 제일 높았고, 고등학생은 51.74점에 불과했어요. 심지어 중학생은 49.84점으로 절반에도 못 미치는 것으로 나타났어요.

 **The 똑똑하게 생각하기**

**학생들을 대상으로 하는 경제·금융시험이 필요한 이유가 아닌 것을 고르세요.**
① 학생들의 경제 및 금융 이해도를 높이기 위해
② 학생들의 시험 부담을 줄이기 위해
③ 학생들의 실생활 금융 역량을 기르기 위해
④ 학생들의 진로 선택에 도움을 주기 위해

정답: ②

## 009 단돈 천 원도 안 되는 상품 쏟아지는 곳 어디?

가격보다 높은 접근성을 내세워 온 편의점이 '초저가' 전략에 맞추어 **가성비** 전쟁을 치르고 있어요. 고물가 상황이 이어지면서 대량으로 장을 보기보다는 집 앞에서 조금씩 필요한 물건을 사는 경우가 늘자 최저가 '**미끼 상품**'으로 고객 몰이에 나선 것이라고 해요. 이는 편의점들이 점포 수를 대폭 늘리면서 **규모의 경제** 효과를 누릴 수 있게 되었기 때문입니다. 점포 수가 많아질수록 협상력이 커져 제품 구매 단가를 낮출 수 있게 되었죠. 일부 전략 상품은 천원샵이나 이커머스보다도 저렴해서 눈길을 끌고 있어요. 기존 컵라면보다 22% 중량을 늘리고 가격은 990원인 라면을 비롯해 저렴한 물건들을 팔면서 **슈링크플레이션** 논란 상황에서 '역슈링크플레이션' 제품으로 주목을 받았어요. 또한 유사 상품 대비 40% 이상 저렴한 '득템시리즈'나 '더 커진 삼각김밥' 역시 가성비 좋은 상품으로 인기가 높았어요. 이처럼 편의점들은 고객들이 저렴한 물건을 사고 싶어 하는 요즘 상황을 잘 활용하고 있어요. 앞으로도 편의점들은 더 저렴한 물건을 계속 선보일 것 같아요.

 **어휘 쏙쏙**

- **가성비**: '가격 대비 성능의 비율'을 줄여 이르는 말
- **미끼 상품**: 소매점에서 소비자를 유인하기 위하여 일반적인 판매 가격보다 대폭 할인하여 판매하는 상품
- **규모의 경제**: 생산량을 늘릴 때 평균 비용이 감소하는 현상
- **슈링크플레이션(shrinkflation)**: 기업들이 제품의 가격은 기존대로 유지하는 대신 제품의 크기 및 중량을 줄이거나 품질을 낮추어 생산하여 간접적으로 가격 인상의 효과를 거두려는 전략

### The 똑똑하게 신문 읽기

편의점이 저렴한 물건을 팔 수 있게 된 이유는 무엇인가요?

___

슈링크플레이션과 역슈링크플레이션을 설명할 수 있나요?

___

### 쏙쏙 경제 데이터 분석

**슈링크플레이션**

우리나라는 1997년 외환위기를 겪고 나서 슈링크플레이션이 거의 관행이 되었어요. 일명 '질소 과자(과자의 과대포장을 풍자하는 용어)'라고 불렸던 봉지 과자류가 대표적이지요. 이런 현상은 초인플레이션 시대를 맞아 세계적인 현상이 되어 버렸어요.

### The 똑똑하게 생각하기

**편의점들이 내놓은 미끼 상품은 어떤 특징이 있나요?**
① 천원샵이나 이커머스보다 비싸다.
② 기존 제품보다 용량이 줄어들었다.
③ 천원샵이나 이커머스보다 저렴하다.
④ 기존 제품과 가격이 동일하다.

ⓒ :윤율

## 010
## 급식실 특명, 잔반을 줄이고 환경을 지켜라!

최근에 전국 38개 초·중·고등학교에서 '급식행동 1.5℃ 캠페인'이 열렸어요. 이 캠페인에서는 학생들이 남기는 급식 **잔반량**을 줄이는 것이 목표였죠. 급식 잔반을 놓고 맞붙은 결과 잔반량이 10% 이상 감소하였어요.

AI 스타트업 회사가 이 캠페인을 진행했는데, 자신들이 개발한 'AI 푸드 스캐너'를 통해 학생들

출처: 누비랩 홈페이지

의 배식과 잔반 데이터를 분석했어요. 그 결과 2주 동안 학생들의 평균 잔반량이 13.2% 줄었다고 합니다. 이는 소나무 1,086그루가 흡수하는 양의 탄소**배출량**과 같은 효과랍니다. 가장 잔반량을 많이 줄인 학교에는 100만 원 상당의 간식비가 지원되었어요. 또한 급식실 **탄소중립**을 주제로 한 동영상 **공모전**도 열렸습니다. AI 기술을 이용해 음식의 종류, 양, 영양소 등을 분석하고 음식물 쓰레기를 줄이는 해결책을 제공하고 있다고 해요. 최근에는 어린이집을 위한 서비스도 개발했어요. 이 서비스를 통해 어린이집에서도 아이들의 식습관 개선과 균형 잡힌 영양 섭취를 관리할 수 있게 되었습니다. 이처럼 많은 학교에서 다양한 노력을 통해 음식물 쓰레기 감소와 탄소중립 실천에 힘쓰고 있어요. 앞으로도 더 많은 학교와 어린이집에서 이런 좋은 서비스를 이용할 수 있기를 바랍니다!

### 어휘 쏙쏙

- **잔반량**: 남은 밥이나 음식의 양
- **배출량**: 어떤 물질을 안에서 밖으로 내보내는 양
- **탄소중립**: 탄소를 배출하는 만큼 그에 상응하는 조치를 취하여 실질 배출량을 '0'으로 만드는 일
- **공모전**: 공개 모집한 작품의 전시회

 **The 똑똑하게 신문 읽기**

'급식행동 1.5℃ 캠페인'의 목표는 무엇인가요?

_____

여러분은 급식 잔반을 얼마나 남기나요?

_____

 **쏙쏙 경제 데이터 분석**

### 음식물 처리기 시장의 증가

한 시장조사에 따르면 음식물 처리기 시장 규모는 2021년 2,000억 원대에서 2022년 6,000억 원대까지 3배나 성장했다고 해요. 고물가에 외식을 줄이고 집밥을 챙겨 먹는 소비자가 크게 늘어나면서 음식물 처리기 수요가 덩달아 급증했다는 분석이 있어요.

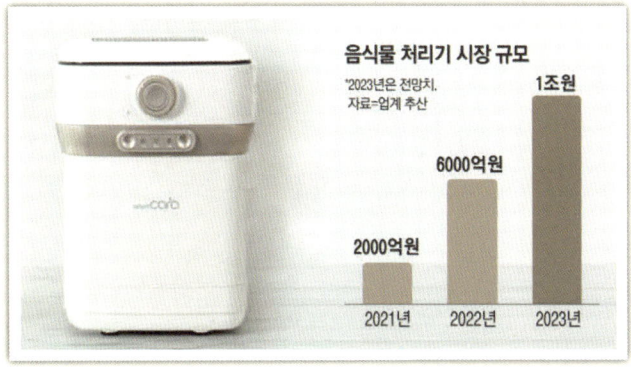

 **The 똑똑하게 생각하기**

**학교 급식에서 발생하는 잔반을 줄이고 활용하는 방법이 아닌 것은 무엇일까요?**

① 먹을 수 있는 만큼만 배식 받기
② 잔반 데이터를 바탕으로 필요한 만큼의 음식 만들기
③ 반찬 가지 수를 최대한 늘리고 다양하게 만들기
④ 푸드 뱅크(Food bank)와 같은 잔반 기부제 활용하기

정답: ③

## 011
## 탕후루와 포켓몬빵, 인기가 많아지면 몸값이 올라가는 이유

요즘 탕후루가 정말 인기예요. 탕후루는 과일을 꼬치에 꽂아 설탕으로 단단하게 코팅한 간식인데요, 맛있어서 많은 사람이 좋아해요. 특히 '○○ 탕후루'라는 가게가 유명해졌어요. 처음에는 작은 가게였지만, 지금은 전국에 300여 개나 있는 큰 프랜차이즈가 됐어요. 하지만 탕후루 가격이 비싸졌어요. 왜냐하면 설탕과 과일 가격이 많이 올랐거든요. 설탕이 비싸진 이유는 설탕을 생산하는 브라질에 비와 가뭄이 번갈아 오면서 설탕 생산량이 줄어들었기 때문이에요. 그리고 인도는 설탕 **수출**을 **규제**하고 있어요. 과일도 문제예요. 여름에 비가 많이 와서 과일이 잘 자라지 못했어요. 사과와 포도 같은 과일 가격이 많이 올랐죠. 그래서 탕후루 가격도 올랐어요. 원래 재료가 비싸지면 만드는 데 드는 비용도 많아져서 그런 거예요. 그런데도 사람들이 탕후루를 계속 사 먹는다는 건 맛있으니까 그만큼 값어치가 있다는 거죠.

이렇게 물건의 가격은 만드는 데 드는 비용과 사람들이 얼마나 사고 싶어 하는지에 따라 달라져요. 이것을 '**수요**와 **공급**의 원리'라고 해요. 탕후루 같은 작은 간식에서도 이런 큰 원리가 작용한다는 걸 알 수 있어요. 맛있는 탕후루, 비싸도 사 먹을 만한 가치가 있을까요? 여러분도 한번 생각해 보세요!

### 어휘 쏙쏙

- **수출**: 나라의 물건, 서비스, 기술 등을 외국에 파는 것
- **규제**: 법으로 못 하게 하는 것
- **수요**: 어떤 물건을 일정한 가격으로 사려고 하는 욕구
- **공급**: 요구나 필요에 따라 물품 등을 제공함

### The 똑똑하게 신문 읽기

탕후루 가격이 비싼 이유는 무엇일까요?

---

### 쏙쏙 경제 데이터 분석

**수요와 공급**

수요는 물건을 원하는 것이고, 공급은 물건을 제공하는 것이에요.

**탕후루 가게 사장님 (공급):** 음, 탕후루를 원하는 사람이 많으니 가격을 올려 받아도 되겠군. 물건도 많이 만들어야겠어.

**손님 (수요):** 탕후루를 먹고 싶은데 파는 곳이 많지 않네. 비싸더라도 난 꼭 사먹을 거야.

---

### The 똑똑하게 생각하기

요즘 포켓몬 빵이 인기예요. 그래서 빵을 만드는 사장님은 가격을 올려서 수요에 맞추려고 하고 있어요. 그 결과로 빵을 사려고 하는 사람들은 중고 거래에서 비싸게 빵을 사야 할 정도가 되었어요. 그렇게 빵을 사려는 사람들이 늘어나니 빵 값도 점점 올라가네요. 여러분도 이런 상황을 겪어 본 적이 있나요?

## 012
## 요금제를 마음대로 선택, 통신사 울타리 밖으로 나가는 이용자들

자급제 단말기란 무엇일까요? 자급제 단말기는 **이동통신사**를 거치지 않고 사용자가 직접 단말기를 구매한 후 원하는 통신 서비스를 선택해 이용하는 것을 말합니다. 이렇게 하면 통신사에 **구애**받지 않고 자유롭게 서비스를 선택할 수 있어 편리합니다. 또한 단말기와 월 통신 요금이 분리되어 통신 요금이 낮아지는 장점이 있지요. 그래서 자급제 단말기 이용률이 계속 늘어나고 있습니다. 2021년 6월에는 18.9%였지만, 2022년 6월에는 28.0%로 10% 포인트 가까이 늘었어요. 2023년 10월 기준 휴대폰 알뜰폰 가입자 수는 860만 명으로, 2022년보다 130만 명 이상 늘었고요. 이는 고물가와 높은 가계통신비로 인해 소비자들이 통신비를 절약하기 위해 자급제 단말기와 알뜰폰을 선택하고 있기 때문입니다. 또한 온라인 쇼핑몰이 커지면서 자급제 단말기 유통이 활성화되었습니다. 하지만 통신사 입장에서는 자급제 단말기 이용률이 높아지는 것이 좋지 않습니다. 통신사 상관없이 가입할 수 있는 단말이기에 기존 통신사향 단말을 통한 가입보다 사용자 록인효과가 약해지기 때문이지요. 정부는 중저가 단말기 **출시**를 촉진하고 있습니다. 이렇게 저렴한 단말기와 알뜰폰 요금제를 함께 이용하면 통신비를 더 절약할 수 있게 될 거예요. 앞으로 자급제 단말기 이용률은 계속 늘어날 것으로 예상됩니다.

### 어휘 쏙쏙

- **이동통신사**: 이동 중에 무선으로 통신할 수 있는 서비스를 제공하는 회사
- **구애**: 거리끼거나 얽매임
- **출시**: 상품이 시중에 나옴 또는 상품을 시중에 내보냄

 **The 똑똑하게 신문 읽기**

자급제 단말기를 사용하면 어떤 점이 좋은가요?
___

통신사 입장에서는 자급제 단말기의 이용률이 높아지는 게 왜 안 좋은가요?
___

**쏙쏙 경제 데이터 분석**

### 5G 무제한 요금 비교
단위:원

- 파리: 9만
- 서울: 6만 8천
- 뉴욕: 5만 2천
- 도쿄: 4만 2천
- 뒤셀도르프: 3만 8천
- 런던: 2만 6천

요금제를 기준으로 보면 우리나라는 최저 요금제가 6만 8천 원으로 뉴욕을 제치고 6개 나라 중 두 번째로 가장 비싼 것으로 나타났어요. 2만 6천 원쯤 내는 런던에 비해서는 3배 이상 비싼 것이죠.

 **The 똑똑하게 생각하기**

**직접 단말기를 구입하는 사람들의 이유로 바르지 않은 것은 무엇인가요?**
① 요금이 저렴하기 때문에
② 다양한 제조사와 모델을 선택할 수 있기 때문에
③ 특정 계약이 없어 자유롭게 통신사 변경을 할 수 있기 때문에
④ 이동 통신사의 보조금을 지원받으면 저렴하게 구입할 수 있기 때문에

㉮ : 답정

## 013

# 잘파세대가 세뱃돈을 받으면 생기는 일

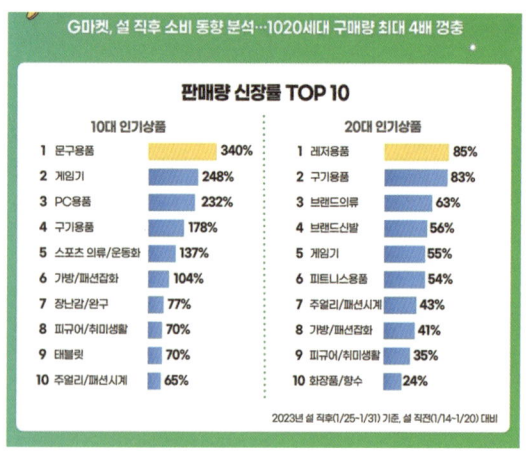

설 이후, 초등학생과 청소년들은 새해 선물로 받은 용돈을 저축하지 않고 쇼핑하는 데 썼다고 해요. 이걸 '세뱃돈 플렉스'라고 하는데요, 설 연휴 직후 **잘파세대**로 불리는 1020세대의 소비가 대폭 늘어난 것으로 나타났어요. 2024년 1월 온라인 쇼핑몰 G마켓은 주요 상품군을 대상으로 지난해 설 직후, 명절 직전과 비교 분석한 결과 10대의 구매는 67%, 20대는 20% 각각 증가했다고 밝혔어요. 반면 상대적으로 세뱃돈을 주는 입장인 3040세대의 구매량은 소폭 감소했다고 하네요. 10대의 경우 학용품과 팬시용품이 포함된 '문구용품' 구매량이 명절 직전 대비 4배 이상(340%) 늘어 1위를 차지했어요. 20대는 자전거, 캠핑용품이 포함된 레저용품(85%)과 각종 구기용품(83%)을 많이 샀어요. 1020세대 모두 취미 생활과 관련이 높은 상품에 적극적으로 지갑을 여는 모습을 보였답니다. **팬데믹** 시기엔 거리두기로 인해 가족과의 만남이 적었지만, **엔데믹** 이후 친지 방문이 많아지며 받은 용돈도 더 많아졌기 때문으로 해석돼요. 이런 소비 증가를 예상해서 여러 쇼핑몰에서는 우리 친구들이 좋아할 만한 물건들을 할인해서 판매하는 기획전을 열었어요. 새 학기를 맞이해서 신발이나 가방, 운동화 같은 것들을 저렴한 가격에 살 수 있는 기회를 제공한다고 해요. 소비자의 소비 성향을 분석해서 발 빠르게 대처하고 있는 것으로 생각해 볼 수 있어요.

### 어휘 쏙쏙

- **잘파세대**: Z세대(1990년대 중반~2009년)와 알파세대(2010년 이후 출생)를 결합한 말
- **팬데믹**: 코로나19처럼 질병이 전 세계에 퍼지는 상황
- **엔데믹**: 질병을 완전히 퇴치할 수 없지만 대응이 가능한 상황

 **The 똑똑하게 신문 읽기**

세뱃돈을 저축하지 않고 쇼핑하는 데 쓰는 모습을 표현하는 말은 무엇인가요?

___

 **쏙쏙 경제 데이터 분석**

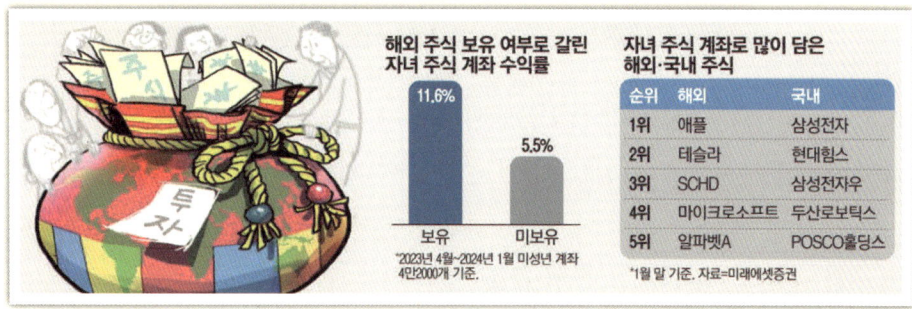

세뱃돈 플렉스 대신 주식 투자는 어떨까요?
주식 투자는 회사의 주인인 주주가 되는 것이에요

미래에셋에서 미성년 계좌를 분석해 보니 주식 평균 투자금액은 555만 원이라고 해요. 이 중 해외주식 보유 수익률은 11.6%, 국내 주식만 있을 땐 수익률이 5.5%였다고 해요. 자녀 주식 계좌로 많이 투자하는 기업으로는 애플, 삼성전자, 테슬라 등이 있어요.

**The 똑똑하게 생각하기**

세뱃돈 10만 원을 받은 재이는 고민에 빠졌어요. 보드게임과 장난감을 사고 싶은데 부모님은 주식에 투자를 해 보라고 권하셨거든요. 여러분이 재이라면 어떤 선택을 할까요? 그 이유도 써 보세요.

**필요한 물건을 산다.**
이유는

**주식에 투자한다.**
이유는

PART 1. 나

## 014
## 늘어난 무인점포, 빛과 그림자는 무엇일까?

최근 광주의 한 **무인점포**에서 주전부리를 훔쳐 간 초등학생의 사건이 화제가 되었어요. 이 사건은 **점주**가 아이들의 사진과 **신상**을 공개하며 대응한 것으로 논란을 일으켰습니다. 무인점포 운영자들은 **절도** 사건에 대해 큰 고민을 가지고 있으며 특히 이 점주는 3년 동안 수십 건의 절도 사건을 겪었다고 해요. 반면, 충북 충주에서는 가격표가 없는 상품을 정직하게 계산하고 간 어린이의 영상이 공개되어 많은 이들의 마음을 따뜻하게 했어요. 충주의 한 무인점포에서 어린이 두 명이 쇼핑을 하던 중 한 아이가 가격표 없는 캐릭터 카드 상자를 발견했어요. 이 아이는 가격을 올바르게 계산하기 위해 낱개 가격을 수십 번 찍어 정확한 금액을 계산했답니다. 이 행동을 본 점주는 아이의 정직함에 감동받아 "어른들도 부끄러움을 느끼면 좋겠다"라며 아이의 고운 마음을 칭찬했어요.

이 두 사건은 우리 사회에서 정직함의 가치와 무인점포 운영의 어려움을 동시에 보여주고 있어요. 우리 어린이들의 순수한 마음이 많은 이들에게 긍정적인 영향을 줄 수 있다는 것을 잊지 말아야겠어요.

### 어휘 쏙쏙

- **무인점포**: 사람이 물건을 판매하지 않고 소비자가 직접 제품을 선택하고 기계로 계산까지 하는 가게
- **점주**: 점포(가게)의 주인 혹은 주인처럼 책임을 지고 일하는 사람
- **신상**: 외모, 키, 주소 등의 개인 정보
- **절도**: 남의 물건을 훔치는 것

**무인점포 주인이 겪는 어려움은 무엇인가요?**

___

 **쏙쏙 경제 데이터 분석**

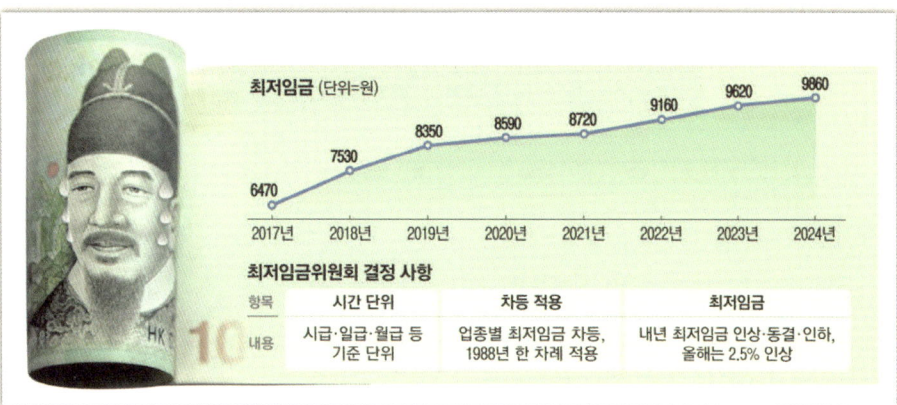

여러분 주위에도 무인점포가 많이 있지요? 아이스크림 할인점, 편의점, 반찬가게 등 무인점포가 늘어나는 상황이에요. 무인점포의 증가는 최저임금 인상과 관련이 있어요. 우리나라의 1시간 기준 최저임금은 2017년 6,470원에서 2024년 9,860원으로 인상되었어요. 월급을 받는 입장에서는 최저임금이 오르는 게 좋지만, 월급을 주는 입장에서는 임금이 인상되면 부담이 높아져요. 그래서 사람 대신 키오스크와 같은 기계로 계산을 하는 무인가게가 많아진 거랍니다.

**무인점포가 늘어나는 것에 대해 어떻게 생각하나요?**

___

**최저임금이 오르는 것에 대해 어떻게 생각하나요?**

___

## 왜 사람마다 신용 점수가 다를까?

**신용** 점수가 뭐냐고요? 은행에서 돈을 빌릴 때 중요한 숫자예요. 이 숫자가 높으면 은행이 "이 사람은 돈을 잘 갚겠구나"라고 생각해서 더 쉽게 돈을 빌려주지요. 그럼 어떻게 하면 이 신용 점수를 높일 수 있을까요?

몇 가지 요령이 있어요. 첫째, 신용카드를 살펴볼까요? 좋은 신용 점수를 가진 사람은 첫 신용카드를 오랫동안 잘 사용해요. 새 카드가 나와도 바로 바꾸지 않지요. 왜냐하면 카드를 오래 사용할수록 신용 점수에 좋기 때문이에요. 둘째, 은행 거래는 어떨까요? 한두 곳 은행과 오랫동안 거래하는 게 좋아요. 여러 은행을 자주 바꾸면 신용 점수가 안 좋아져요. 셋째, 돈을 빌렸으면 꼭 제시간에 갚아야 해요. **연체**는 신용 점수에 정말 안 좋아요. '나중에 한 번에 갚으면 되겠지'라고 생각하지 말고, 돈을 빌렸으면 약속한 날짜에 꼭 갚아야 해요. 마지막으로, 자신이 돈을 어떻게 쓰는지 항상 신경 써야 해요. 돈을 어떻게 쓰고 있는지 알고 있으면 신용 점수를 높이는 데 도움이 되거든요. 결국, 신용 점수를 높이려면 신용카드를 오래 사용하고, 한두 곳 은행과 오랫동안 거래하며, 돈을 제시간에 갚고, 자신이 돈을 어떻게 쓰고 있는지 항상 신경 써야 한다는 것이에요. 이렇게 하면 신용이 올라가서 나중에 은행에서 돈을 빌릴 때 더 쉽게 빌릴 수 있답니다.

### 어휘 쏙쏙

- **신용**: 돈을 빌려 쓰고 약속대로 이를 갚을 수 있는 능력
- **연체**: 돈 따위를 빌려놓고 갚지 않거나 내야 할 금액의 납부가 늦어지는 것

신용이 좋은 사람은 어떤 혜택을 받을 수 있을까요?

 쏙쏙 경제 데이터 분석

### 신용등급

|  | KCB(올크레딧) | NICE(나이스지키미) |
|---|---|---|
| 1등급 | 942점~1000점 | 900점~1000점 |
| 2등급 | 891점~941점 | 870점~899점 |
| 3등급 | 832점~890점 | 840점~869점 |
| 4등급 | 768점~831점 | 805점~839점 |
| 5등급 | 698점~767점 | 750점~804점 |
| 6등급 | 630점~697점 | 665점~749점 |
| 7등급 | 530점~629점 | 600점~664점 |
| 8등급 | 454점~529점 | 515점~599점 |
| 9등급 | 335점~453점 | 445점~514점 |
| 10등급 | 0점~334점 | 0점~444점 |

신용 점수는 신용평가 회사에서 개인의 신용도를 평가한 점수를 말해요. 신용 점수는 은행에서 돈을 빌려줄 때 그동안 빌린 돈을 잘 갚았는지, 휴대폰 요금이나 전기세 등을 밀리지 않고 잘 냈는지 등을 종합해서 정해요. 한마디로 신용 점수는 나의 경제적 얼굴이라 할 수 있지요.

서희는 장난감을 사기 위해 은행으로 돈을 빌리러 갔어요. 필요한 돈은 1만 원인데 은행에서는 서희의 신용 점수를 확인하더니 5천 원만 빌려줄 수 있다고 했어요. 더 빌리고 싶으면 열심히 신용 점수를 올리라고 하네요. 서희가 신용 점수를 올리려면 어떻게 해야 할까요?(참고: 실제로 어린이는 신용 점수가 없어요.)

## 삼겹살 1인분에 2만 원 시대

016

외식하기 겁날 정도로 **물가**가 치솟고 있어요. 쌀부터 고추장, 된장, 무, 배추까지 식재료 가격이 급등하면서 **외식** 가격이 오르고 있지요. 한 예로, 서울에서 자장면 한 그릇 가격이 작년에 비해 9.5%나 올라서 이제 7,000원이 넘어요. 평일 점심에 매일 자장면을 먹는다면 한 달 점심 식사 비용만 14만 원에 달해요. 2019년 기준 자장면 한 그릇 평균 가격이 5,000원이었다는 것을 계산해 보면 물가는 40%나 오른 셈이에요. 비빔밥 한 그릇은 1만 원 이상, 삼계탕 한 그릇은 2만 원이 넘었답니다. 우리 가족 외식 메뉴였던 삼겹살 한 접시 가격도 거의 2만 원에 가까워졌어요. 이 외에도 세차비나 세탁비, 여행 경비 등과 같은 생활 **서비스 비용**도 많이 올랐어요. 이런 서비스 가격이 오르면 우리가 일상에서 느끼는 물가도 같이 올라가게 되죠. 정부는 물가를 잡기 위해 여러 가지 노력을 하고 있지만, 서비스 가격은 쉽게 조절하기 어려워요. 이런 상황을 보면, 우리가 외식을 하거나 다른 서비스를 이용할 때 조금 더 신중하게 결정해야 할 것 같아요. 돈을 아끼고, 필요한 곳에 잘 사용하는 습관을 기르는 것이 중요하겠죠?

- **물가**: 시장에서 거래되는 여러 가지 상품들의 가격을 종합한 평균적인 가격 수준
- **외식**: 집 밖(주로 식당)에서 밥을 먹는 것
- **서비스 비용**: 기업이 고객에게 서비스를 제공하기 위해 지출하는 금액. 인건비, 재료비, 관리비 등이 포함

### The 똑똑하게 신문 읽기

외식 가격이 급등하는 이유는 무엇인가요?

---

### 쏙쏙 경제 데이터 분석

#### 인플레이션

가격은 시장에서 사람들이 모여 물건을 사거나 팔 때 결정돼요. 사고자 하는 사람이 팔고자 하는 사람보다 많으면 물가는 오르게 됩니다. 이처럼 물가가 지속적으로 오르는 현상을 인플레이션, 물가가 지속적으로 내려가는 현상을 디플레이션이라고 해요.

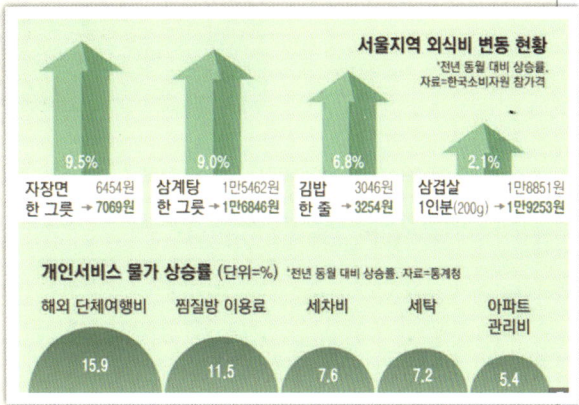

**현재의 인플레이션 이유는 다음과 같아요.**
1. 러시아와 우크라이나 전쟁으로 인한 기름값 상승
2. 세계적 곡창지대인 우크라이나에서 발생한 전쟁으로 곡물 가격 상승
3. 기후 변화로 인한 가뭄
4. 코로나19 이후 전 세계 은행에서 찍어낸 많은 양의 돈
5. 코로나19 이후 보복 소비

---

### The 똑똑하게 생각하기

**물가가 상승한다는 것은 무엇을 의미할까요?**

① 물건을 사는 데 필요한 돈이 줄어든다.
② 물건을 사는 데 필요한 돈이 늘어난다.
③ 모든 물건이 공짜가 된다.
④ 물건을 사는 사람이 줄어든다.

정답: ②

## 017
## 매운맛 챌린지 열풍 타고 K라면 신드롬

　우리나라 라면이 전 세계에서 엄청난 인기를 끌고 있어요! 우리 라면은 'K라면'이라고 불릴 정도로 유명해졌답니다. 2023년 1월부터 10월까지 라면을 수출해서 벌어들인 돈이 7억 8,525만 달러나 됐어요. 이건 지난해 같은 기간보다 24.7%나 더 많은 거예요. 이렇게 많이 팔려서 라면 수출액이 처음으로 1조 원을 넘어섰어요. 정말 대단하지 않나요? 라면을 가장 많이 **수입**한 나라는 중국이었고, 그다음으로 미국, 일본, 네덜란드, 말레이시아, 필리핀 순이었어요. 이렇게 라면이 전 세계에서 인기를 끌 수 있었던 건 불닭볶음면 같은 매운맛 라면 때문이에요. 매운맛을 좋아하는 사람들 사이에서 삼양식품의 불닭볶음면이 유명해지면서 많은 사람이 한국 라면에 관심을 가지게 됐어요. SNS에서 매운맛 라면을 누가 더 잘 먹는지 경쟁하는 '매운맛 **챌린지**'도 유행하면서 K라면의 인기는 더 높아졌답니다. 삼양식품뿐만 아니라 농심과 오뚜기 같은 다른 회사 라면들도 해외에서 잘 팔리고 있어요. 농심은 신라면과 짜파구리로, 오뚜기는 다양한 라면으로 해외에서 인기가 많아요. 이렇게 우리나라 라면이 전 세계에서 사랑받으며 K푸드의 인기를 더욱 높이고 있답니다. 앞으로도 많은 나라에서 우리 라면을 맛보고 즐길 수 있기를 바랍니다.

### 어휘 쏙쏙

- **수입**: 국가가 다른 국가의 상품이나 서비스 등을 구매하는 경제 활동
- **챌린지(Challenge)**: 도전이라는 뜻으로 '매운맛 챌린지'처럼 소비자가 직접 참여하는 경우 상품의 인기가 많아짐

### The 똑똑하게 신문 읽기

우리나라의 라면이 'K라면'이라 불리면서 인기를 끌 수 있었던 이유는 무엇일까요?

---

### 쏙쏙 경제 데이터 분석

MZ세대라고 불리는 젊은 세대 소비자를 잡기 위해 회사에서는 참여형 마케팅인 'SNS 챌린지'를 하는데요, 소비자가 직접 참여하여 서로 경쟁하며 상품의 홍보를 돕기 때문이죠.

**밴드왜건 효과**
(Bandwagon effect)

악기를 연주하는 마차의 가장 앞에 서 있는 차를 말해요. 사람들은 악기를 연주하는 마차를 따라가고 나중 사람들은 사람들이 몰려가는 것을 보고 무언가 있다고 생각하고 무작정 뒤따라가는 거죠. 유행도 밴드왜건 효과라고 할 수 있어요.

SNS 챌린지, MZ세대에게 인기 있는 이유는?
"나를 표현할 수 있는 효과적인 수단"
"재미있으면서도 따라 하기 쉬운 참여 방식"
"밴드왜건 효과"

---

### The 똑똑하게 생각하기

**매운맛 챌린지와 밴드왜건 효과가 만나면 어떤 일이 일어날까요?**
① 매운맛 챌린지가 더 많은 사람에게 알려져 많이 참여하게 됨
② 매운맛 챌린지가 너무 어려워져서 아무도 참여하지 않게 됨
③ 매운맛 챌린지에 참여한 사람들이 모두 밴드를 결성함
④ 매운맛 챌린지가 음악 대회로 바뀜

정답: ①

## 018
## 초등학교 입학하면 20만 원 드려요. 교육비 지원이 늘어나는 이유

서울교육청이 초등학교 1학년 신입생들에게 입학 준비금으로 20만 원을 준다고 해요. 이건 서울에서 처음 있는 일이랍니다. 중학교와 고등학교 1학년에 이어서 이제 초등학교 신입생들도 입학 축하금을 받게 된 거죠. 입학 준비금을 주는 이유는 학부모의 교육비 부담을 줄이고 교육 **복지**를 실현하기 위해서예요. 입학 준비금은 학부모가 신청하면 학교에서 **제로페이** 모바일 포인트로 줄 거예요. 이 돈은 옷이나 책 같은 입학 준비물을 사는 데 쓸 수 있어요. 이외에도 우리 동네에 공립유치원을 더 많이 만들고, 초등학교 1학년 한 반 학생 수를 20명 이하로 줄이기로 했어요. 학생들의 기초학력 보장 강화를 위해 초1, 2학년 기초학력 협력 강사 및 중학교 기본학력 협력 강사, 키다리 선생님을 지속적으로 운영 지원할 계획이에요. 모든 중학교 신입생과 선생님들께 스마트기기를 하나씩 제공하고 모든 학생이 자기만의 꿈을 키울 수 있는 교육을 하겠다고도 했지요. 또, 서울교육청은 2022년부터 유치원에서 고등학교까지 모든 학생들에게 친환경 **무상급식**을 제공하고 있어요. 이렇게 국가에서는 여러 교육 복지 정책을 펼치고 있답니다.

### 어휘 쏙쏙

- **복지**: 모든 국민이 최소한의 인간다운 생활을 할 수 있도록 국가에서 돈이나 서비스를 지원해 주는 것
- **제로페이**: 서울시에서 도입한 모바일 간편 결제 서비스. 수수료 없이 현금 대신 간편하게 사용하는 것이 특징
- **무상급식**: 국민들이 낸 세금으로 학생들에게 돈을 받지 않고 급식을 제공하는 것

 **The 똑똑하게 신문 읽기**

서울교육청이 초등학교 1학년 학생들에게 입학 준비금을 주는 이유는 뭘까요?

---

 **쏙쏙 경제 데이터 분석**

### 복지

복지는 모든 국민이 최소한의 인간다운 생활을 할 수 있도록 국가에서 국민을 돕는 것을 말해요. 예를 들어, 독거노인과 장애인, 어린아이를 양육하는 가정, 만 65세 이상의 노인 외 어려움에 처한 국민들에게 수당을 지급하거나 전기세, 통신비 등을 깎아주는 것을 말합니다. 무상급식이나 무상 교복 지원도 복지 정책이라고 할 수 있어요.

**The 똑똑하게 생각하기**

필요한 사람들에게만 복지 서비스를 제공하는 것을 '선별 복지', 모든 국민에게 복지 서비스를 제공하는 것을 '보편 복지'라고 합니다. 여러분은 어떤 입장에 찬성하나요? 그 이유는 무엇인가요?

**선별 복지에 찬성한다.**
이유는

**보편 복지에 찬성한다.**
이유는

## 019 뉴진스는 아는데 누진세는 무엇일까?

**세금**이라고 하면 어른들만의 이야기처럼 들리지만 사실 우리도 매일 세금을 내고 있어요. 예를 들어, 삼각김밥을 사 먹을 때도 세금을 내고 있는 거예요! 우리가 돈을 벌면 그 돈에 대해 세금을 내야 해요. 이걸 '소득세'라고 하죠. 회사도 마찬가지로 돈을 벌면 '법인세'를 내요. 그런데 회사가 스마트폰을 팔아서 돈을 벌었다고 해서 판 돈 전체에 대해 세금을 내는 건 아니랍니다. 실제로 남은 이익에 대해서만 세금을 계산해요. 이때 돈을 많이 벌수록 더 많은 세금을 내는 방식을 '누진세'라고 해요. 뉴진스는 아는데 누진세는 뭐냐고요? 누진세는 소득이 많을수록 더 많은 세금을 내는 방식이에요. 예를 들어, 돈을 많이 버는 사람은 더 높은 비율로 세금을 내요. 이렇게 해서 소득 차이를 조금이라도 줄이려고 하지요. 누진세 말고 '역진세'라는 것도 있어요. 역진세는 누진세와 반대로, 소득이 적은 사람이 상대적으로 더 많은 세금을 부담하는 경우를 말해요. 예를 들어, 물건을 살 때 붙는 **부가가치세**가 이에 해당돼요. 삼각김밥을 1,100원에 샀다면, 그중 100원이 세금이에요. 이 세금은 모두가 똑같이 내지만, 돈이 적은 사람에게는 더 큰 부담이 될 수 있어요. 세금이 어렵게 느껴질 수 있지만, 우리 생활 곳곳에 숨어 있어요. 연필 하나를 살 때도, 새로운 책을 살 때도 우리는 세금을 내고 있답니다. 이렇게 모인 세금은 우리 사회를 더 좋게 만드는 데 쓰여요. 그래서 세금에 대해 알고 이해하는 것이 중요하답니다.

### 어휘 쏙쏙

- **세금**: 정부가 나라 살림을 잘 꾸려나갈 수 있도록 국민이 법에 따라 내는 돈
- **부가가치세**: 상품과 서비스를 판매하고 벌어들인 이윤에 대해 내는 세금. 실제로 부가가치세는 물건값에 포함되어 있기 때문에 소비자가 부담함

 **The 똑똑하게 신문 읽기**

왜 소득이 적은 사람이 상대적으로 더 많은 세금을 내게 되는 걸까요? 역진세를 예로 설명해 보세요.

---

 **쏙쏙 경제 데이터 분석**

### 세금

| 종류 | 의미 |
|---|---|
| 법인세 | 회사와 같은 법인의 소득에 대한 세금 |
| 종합소득세 | 개인의 소득에 대한 세금 |
| 누진세 | 소득금액이 클수록 높은 세율을 적용하는 방식. 과세표준을 여러 단계로 나누어 결정한다. |
| 직접세 | 세금을 부담하는 사람과 내는 사람이 같음(예: 월급을 받을 때 냄) |
| 간접세 | 세금을 부담하는 사람과 내는 사람이 다름(예: 물건을 살 때 냄) |

세금은 나라를 운영하는 데 꼭 필요한 돈이에요. 사실 여러분도 세금을 내고 있어요. 바로 간접세인데요, 간접세는 직접 세금을 내는 방식이 아니라 학용품을 사거나 친구의 생일 선물을 살 때에 내는 세금이랍니다. 이 세금은 물건 값에 포함되어 있어서 세금을 내고도 내는 줄 모르는 경우가 많답니다.

---

 **The 똑똑하게 생각하기**

**맞으면 O, 틀리면 X로 답해 보세요.**

소득이 있는 사람만 부가가치세를 낸다. (       )

부가가치세는 역진세라고 할 수 있다. (       )

정답: X, O

## 금메달 따고 받은 포상금에도 세금이 부과될까?

올림픽에서 우리나라 선수들이 금메달, 은메달, 동메달을 따면 정부에서 **포상금**과 **연금**을 줘요. 금메달은 6,300만 원, 은메달은 3,500만 원, 동메달은 2,500만 원의 포상금을 받을 수 있고, 연금도 받을 수 있어요. 연금은 금메달의 경우 매달 100만 원을 받거나 한 번에 6,729만 원을 받을 수 있어요. 은메달과 동메달도 비슷하게 연금을 받을 수 있답니다. 이 포상금과 연금에 대해서는 세금을 내지 않아도 돼요. 정부나 지방자치단체에서 주는 돈은 세금이 없어요. 하지만 스포츠 협회나 기업에서 주는 포상금은 세금을 내야 해요. 예를 들어, 빙상연맹에서 금메달을 딴 선수에게 1억 원을 주면, 2,000만 원을 세금으로 내고 8,000만 원을 받게 돼요. 그래서 선수들은 정부로부터 받는 포상금에 대해서는 세금 걱정을 하지 않아도 되지만, 다른 곳에서 받는 포상금에 대해서는 세금을 내야 해요. 선수들이 열심히 노력해서 받는 포상금이니, 세금에 대해서도 잘 알고 있어야겠죠?

### 어휘 쏙쏙

- **포상금**: 칭찬하고 장려하여 상으로 주는 돈, 각 분야에서 나라 발전에 공로가 있는 사람에게 정부에서 주는 돈
- **연금**: 국가가 사회에 공로가 있거나 일정한 기간 동안 국가 기관에 근무한 사람에게 해마다 정기적으로 주는 돈

### The 똑똑하게 신문 읽기

운동선수가 올림픽에서 금메달을 딴 후 정부에서 상금을 받는 경우와 스포츠 협회에서 포상금을 받는 경우 세금은 어떻게 달라지나요?

---

### 쏙쏙 경제 데이터 분석

#### 기타 소득에 붙는 세금

금메달과 복권 당첨금의 공통점이 있나요? 네! 둘의 공통점은 바로 '기타소득세'를 낸다는 것이에요(단, 정부에서 주는 금메달 포상금에는 세금 없음). 금메달을 따고 정부나 지방자치단체가 아닌 일반 단체에서 주는 돈을 받으면 20%의 세금을 내요. 300만원 이하 복권에 당첨되어도 20%의 세금을 내는데요, 이렇게 상금이나 포상금으로 받은 돈에 붙는 세금을 '기타소득세'라고 합니다.

---

### The 똑똑하게 생각하기

스케이트 선수 수아는 올림픽에서 금메달을 따고 국가에서 포상금 6,300만 원과 연금을 받았어요. 또 빙상연맹에서도 1억 원의 상금을 받았답니다. 수아가 내야 할 세금은 얼마일까요?

# PART 2

# 가족

## 021
## 청첩장·부고장 이어 과태료 안내까지…
## 손대는 순간 다 털린다

요즘에는 사기꾼들이 사람들을 속이려고 가짜 문자를 보내는 일이 많아졌어요. 이런 가짜 문자를 '**스미싱**'이라고 해요. 사기꾼들은 사진처럼 무단 쓰레기 **투기**에 대한 공지라고 속이거나 특별한 초대장(**부고장, 청첩장**, 송년회 초청장 등)이라고 속여서 사람들의 돈이나 개인정보를 빼앗으려고 해요. 그래서 우리는 의심스러운 문자를 받았을 때 조심해야 합니다. 그 문자가 진짜인지 꼭 확인해 봐야 해요. 특히 정부나 회사에서 보낸 것처럼 속이는 사기 문자를 주의해야 해요. 의심스러운 문자를 받았다면 대답하지 말고 돈이나 개인정보를 절대로 주어서는 안 됩니다. 대신 선생님이나 부모님께 말씀드려서 다른 사람들도 피해를 당하지 않도록 해야 해요. 또한 스미싱지키미 앱을 사용하면 개인정보를 안전하게 지켜줄 수 있어요. 우리는 사기 문자로부터 피해를 당하지 않도록 항상 조심해야 해요. 의심스러운 문자를 받았을 때는 무작정 믿지 말고, 진짜인지 꼭 확인하는 습관을 가지는 것이 중요합니다.

### 어휘 쏙쏙

- **스미싱(smishing)**: 문자 메시지(SMS)와 피싱(phishing)의 합성어로, 문자 메시지를 이용한 휴대 전화 해킹을 이르는 말
- **투기**: 내던져 버림
- **부고장**: 사람의 죽음을 알리는 글을 적은 것
- **청첩장**: 결혼 따위의 좋은 일에 남을 초청하는 글을 적은 것

### The 똑똑하게 신문 읽기

스미싱이란 무엇인가요?

_____

여러분이 스미싱을 받았을 때 어떻게 해야 하나요?

_____

### 쏙쏙 경제 데이터 분석

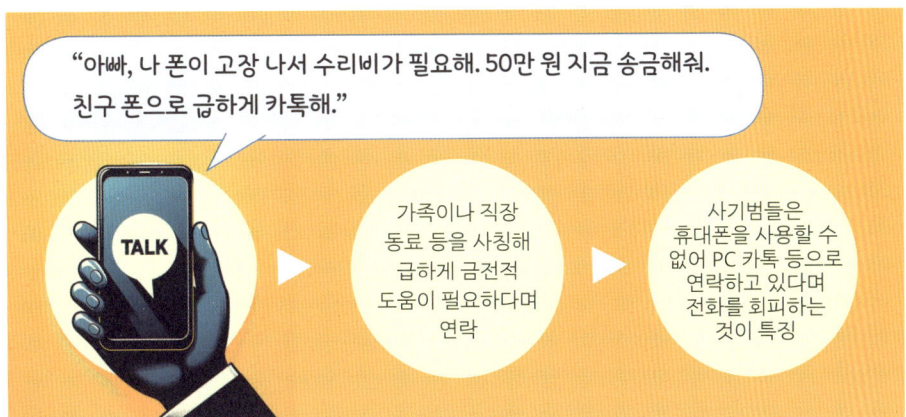

카카오톡을 이용한 스미싱 범죄가 증가하면서 카카오는 '톡 사이렌' 기능을 도입했어요. 그래서 친구로 등록되지 않은 상대가 대화를 걸 경우 채팅방에 경고문을 띄우고 대화방 상단에 금전 요구에 대한 주의사항을 안내하고 있습니다.

### The 똑똑하게 생각하기

스미싱 문자 피해 예방법으로 옳지 않은 것은 무엇일까요?
① 웹사이트 링크를 함부로 클릭하지 않는다.
② 핸드폰 백신프로그램, 스미싱 예방 앱을 설치한다.
③ 모르는 번호로 온 문자라도 친구라고 하면 답장을 한다.
④ 핸드폰 보안 설정을 강화한다.

ⓒ : 금융

PART 2. 가족

## 022
## 중고차 살 때도 클릭, 거래 57%가 온라인

요즘에는 온라인으로 중고차를 사고파는 경우가 많아졌어요. 소비자 입장에서는 **딜러**에게 더 많은 돈을 줄 필요가 없고 기업 입장에서는 운영비용을 절감할 수 있는 장점이 있지요. 중고차 플랫폼에서 중고차를 사고팔 수 있는데, 이곳에서는 소비자들을 보호하기 위해 여러 가지 제도를 만들어 놓았다고 합니다. 예를 들어 중고차를 사고 나서 문제가 생기면 **보상**을 받을 수 있게 해 놓은 것이지요. 또한 중고차 거래가 온라인에서 활발해지면서 소비자들을 보호하기 위한 제도도 점점 더 강화되고 있어요. 예를 들어 중고차 거래 시 차량 상태, 옵션, 사고 **이력** 등을 꼼꼼히 확인할 수 있게 한 것이지요. 중고차를 팔 때는 시장 가격을 확인하고 적정 가격에 판매하는 것이 중요하다고 해요.

한편 정부에서도 중고차 거래 활성화와 소비자 보호를 위한 다양한 정책을 추진하고 있어요. 예를 들어 중고차 불법 거래에 대한 처벌을 강화하고, 사고 이력이 많은 차량에 대해서는 특별 번호판을 **부여**하는 등의 방안을 검토하고 있대요. 이처럼 중고차 거래 시장이 점점 더 발전하고 있지만, 그럼에도 소비자 피해는 끊이질 않고 있어요. 그래서 중고차 거래 정보를 투명하게 공개하고 소비자 권리를 보호하는 것이 중요합니다. 앞으로는 중고차 거래가 더욱 쉽고 간편해질 것으로 기대돼요. 따라서 중고차를 구매하거나 판매할 때는 꼭 관련 정보를 잘 확인하고 안전하게 거래해야 손해를 보지 않을 거예요.

### 어휘 쏙쏙

- **딜러**: 유통 단계에서 상품의 매입·재판매를 전문으로 하는 사람
- **보상**: 남에게 끼친 손해를 갚는 것
- **이력**: 지금까지 학업, 직업 따위의 경력
- **부여**: 사물이나 일에 가치·의의 따위를 붙여 주다.

 **The 똑똑하게 신문 읽기**

온라인으로 중고차를 거래하면 어떤 장점이 있나요?

_____

중고차 거래를 할 때 꼼꼼하게 살펴봐야 할 것들은 무엇이 있나요?

_____

 **쏙쏙 경제 데이터 분석**

### 중고차 거래, 온라인 늘고 오프라인 줄었다

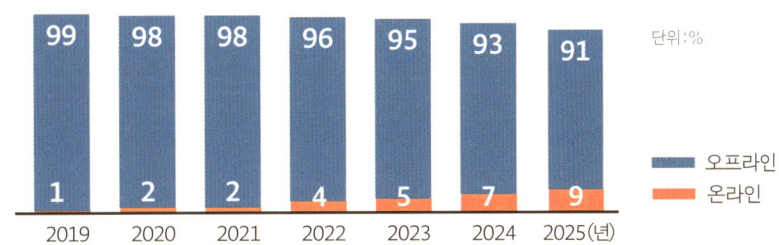

2021년부터는 추정치    출처: 유안타증권 리서치센터

중고차 시장의 분위기가 변하고 있어요. 과거에는 품질들이 낮고 허위 매물이 많아 중고차 구입을 꺼리는 소비자가 많았어요. 하지만 최근에는 온라인, 비대면 거래로 인해 중고차 매매시장이 활성화·투명화되고 대기 기간도 오래 걸리지 않는 장점 덕분에 소비자가 부쩍 늘었답니다.

 **The 똑똑하게 생각하기**

중고차 시장이 호황을 누리게 된 이유가 아닌 것을 고르세요.
① 전 세계적으로 차량용 반도체 공급이 원활하지 않아서
② 인기 차종의 경우 출고 대기 기간이 너무 길어서
③ 중고차 거래 후 문제가 생겨도 보상을 받을 수 없어서
④ 자동차 판매원에게 수수료를 주지 않아도 되어서

정답: ③

## 한우 vs 실속세트 설 선물 양극화 가속

023

2023년부터 시작된 고물가·고금리로 올해 설 연휴를 앞두고 소비 **양극화**가 심해지고 있어요. 유통업계는 200만 원을 훌쩍 넘는 한우세트를 잇달아 출시하는 동시에 10만 원을 넘지 않는 과일세트도 내놓았습니다. 유통업계에 따르면 설 명절을 앞두고 선물세트 판매전이 치열하게 전개되었어요. 특히 백화점들 위주로 기존 프리미엄 제품군을 늘리면서 VIP 고객 눈높이에 맞추고 있습니다. 1++ 등급 한우 중 상위 3%에 해당하는 최상위 암소만 선별하여 **마블링** 최고 등급인 9등급 부위로만 구성된 '명품 한우'는 가격이 250만 원에 달합니다. 또한 올해 설 **대목**의 특징은 '억' 소리 나는 초고가 위스키가 등장했다는 것입니다. 1병당 5,000만 원으로 전체 세트 가격이 2억 원에 이릅니다. 한 백화점 관계자는 "초고가 위스키 제품을 늘린 것은 지난해 설 명절 기간 50만 원 이상의 고가 와인·위스키 매출이 전년 동기 대비 55% 올랐기 때문"이라고 전했습니다. 유통업계 관계자는 "명절 선물은 다른 사람에게 감사한 마음을 전하기 위한 수단이기 때문에 희소성이 구매에 가장 큰 영향을 끼친다"고 밝혔어요. 소비 양극화로 인한 소득 격차와 소비 격차는 계층 간 갈등을 심화시킬 수 있기 때문에 정부는 세금 제도 개선과 복지 정책 강화로 소비 격차를 줄이고, 기업은 **저소득층**을 위한 제품과 서비스를 개발하는 등 사회적 책임을 다하기 위해 노력해야 합니다.

### 어휘 쏙쏙

- **양극화**: 서로 점점 더 달라지고 멀어짐
- **마블링(marbling)**: 살코기 사이에 하얀색 지방이 그물처럼 퍼져서 박혀 있는 것
- **대목**: 설이나 추석 따위의 명절을 앞두고 경기가 가장 활발한 시기
- **저소득층**: 낮은 소득과 낮은 소비 수준을 특징으로 하는 계층

 **The 똑똑하게 신문 읽기**

소득 격차를 줄이기 위한 정부의 노력은 무엇인가요?

___

소비 양극화로 인한 사회 갈등을 해결하기 위한 방안은 무엇이 있을까요?

___

 **쏙쏙 경제 데이터 분석**

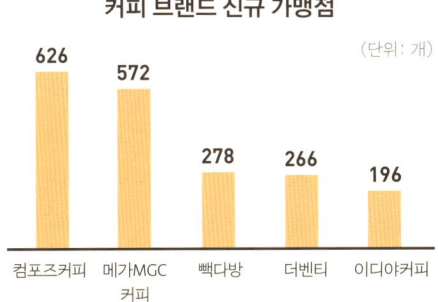

커피 브랜드 신규 가맹점 (단위: 개)
컴포즈커피 626 / 메가MGC커피 572 / 빽다방 278 / 더벤티 266 / 이디야커피 196

아이스 아메리카노
메가MGC커피 2000원
스타벅스 4500원

우리나라 월 평균 소득 중 상위 10%는 400~500만 원의 흑자 생활을 유지하지만 하위 10%는 50~60만 원의 적자를 기록하고 있어요. 이러한 자산의 차이는 소비 패턴의 차이를 유발하며 소비 시장의 양극화로 나타납니다. 저가 브랜드와 고가 브랜드가 구분되는 것이죠. 커피 시장에서도 저렴한 가격을 내세운 브랜드에 대한 수요와 가맹점 수가 늘고 있어요.

 **The 똑똑하게 생각하기**

미래에 나타날 것으로 예상되는 제품과 소비 트렌드의 변화로 적절하지 않은 것을 고르세요.
① 1인 가구 증가에 따라 소포장 제품의 소비가 늘어날 것이다.
② 초고령사회 진입에 따라 노인 맞춤형 제품의 소비가 늘어날 것이다.
③ 소비 격차가 심해짐에 따라 저가와 고가로 구분되는 제품이 늘어날 것이다.
④ 소비 격차가 사라짐에 따라 모든 브랜드의 제품 가격이 같아질 것이다.

정답: ④

## 024
## 어차피 다시 안 볼 손님? 지역축제 바가지 논란과 방지 대책

전국 곳곳에서 크고 작은 지역축제가 잇따라 개최되고 있어요. 그러나 **상춘객**들이 대거 몰리는 시기를 맞아 '바가지요금'을 받으려는 일부 상인들의 만행이 제도적 **허점**을 뚫고 **기승**을 부리는 분위기입니다. 최근 정부에 따르면 각지의 지방자치단체들은 봄철을 맞아 관내 지역축제 바가지요금

단속을 벌이고 있습니다. 지난해 여러 축제에서 먹거리 바가지 논란이 불거진 만큼 올해는 유사 사례의 재발을 방지하자는 취지지요. 지자체들은 메뉴판 가격 옆에 정량을 표시하는 '**정량 표시제**', 소비자들의 도움을 받는 '바가지요금 신고 포상제', '삼진 신고 아웃제', '판매 부스 실명제' 등을 저마다 도입했어요. 바가지요금을 받는 업소가 적발되면 즉시 퇴거 조치하고, 행정처분도 하겠다는 계획입니다. 그러나 수십 년간 고질병처럼 여겨져 온 바가지요금이 제대로 해결될지는 미지수예요. 지역축제에서 음식이나 상품의 가격은 '부르는 게 값'일뿐더러 중앙정부가 소비자가격을 낮추라고 각 점포에 강제할 권한은 없기 때문입니다. 적발 시 처벌하겠다는 경고가 공허하게 들리는 이유지요. 단속 현장에 나서는 일선 공무원들은 제도상 어려움을 호소하고 있어요. 구체적인 법적 근거를 만들려면 메뉴별, 정량별 기준 가격도 일일이 정부가 정해야 합니다. 정부의 시장 개입이니 당연히 논란의 소지가 있지만, 기술적으로도 불가능하다는 주장도 제기되고 있어요.

 어휘 쏙쏙

- **상춘객**: 봄의 경치를 즐기러 나온 사람
- **허점**: 불충분하거나 허술한 점
- **기승**: 성미가 억척스럽고 굳세어 좀처럼 굽히지 않음
- **정량 표시제**: 일정하게 정해진 분량을 겉으로 드러내 보이는 제도

 **The 똑똑하게 신문 읽기**

바가지요금은 주로 어떨 때 더 많이 기승하나요?

___

지자체들은 바가지 논란을 막기 위해 어떤 방법을 도입할 수 있나요?

___

 **쏙쏙 경제 데이터 분석**

'대한민국 구석구석' 홈페이지에서는 전국의 축제 일정이 등재되어 있어요. 한국관광공사가 운영하는 국내 여행 정보 서비스로 축제 일정에 맞추어 시기별로 활용하여 참여하면 더욱 즐거운 축제를 누릴 수 있지요. 지역 축제는 지역의 특색을 알리고 많은 방문객을 모아 지역의 경제를 활성화하는 효과를 내요.

 **The 똑똑하게 생각하기**

**정부가 지역축제 바가지요금 문제를 해결하기 어려운 이유는 무엇인가요?**
① 지자체의 단속 의지 부족 때문에
② 소비자들의 신고 의식 부족 때문에
③ 모든 가격을 정부가 정하기 힘들기 때문에
④ 소비자들이 가격 인하를 반기지 않기 때문에

ⓒ 答: ③

## 주차할 곳 없어 매일 주차 전쟁, 어떻게 해결할까?

025

수도권을 중심으로 주차 **대란**이 극심해지면서 주차비를 인상하는 아파트 단지들이 속속 나오고 있어요. 한 아파트 단지는 한 달 주차료를 단번에 최대 4배까지 올려 온라인상에서 화제가 됐습니다. 2023년 11월 한 온라인 커뮤니티에 "강남보다 비싼 우리 아파트 주차료"라는 제목의 게시물이 업로드되었지요. 오래된 아파트라 **이중주차**가 일상이 돼 자동차를 밀어 대기 일쑤인데, 주차 단속을 요구했더니 주차비를 올렸다는 내용이 담겼습니다. 글을 작성한 A 씨는 아파트 관리사무소가 번호판 인식으로 외부 차량 진입을 막거나 주차 스티커 돌려쓰기 방지 대책을 마련하려는 노력 없이 강남 지역보다 높은 금액으로 주차비를 인상했고 심지어는 금액 인상 기준을 고지조차 하지 않았다고 지적했어요. A 씨가 첨부한 주차료 인상 안내 공고 사진을 보면 한 가구당 자동차 2대를 주차할 경우 기존 2만 원에서 3만 원으로, 3대를 주차할 경우 4만 원에서 11만 원으로, 4대를 주차할 경우 6만 원에서 26만 원으로 주차료가 각각 조정되어 있습니다. 공고를 보면 이 아파트는 입주 초기인 25년 전에는 주차등록 차량이 많지 않아 주차에 어려움이 없었으나 주차량이 증가하면서 주차료를 정해 시행해 왔어요. 이 아파트는 총 778세대로 주차 가능 대수는 768대인데 현재 주차등록 차량 대수가 986대로 200대 이상이 정상 주차가 불가능해졌어요. 그래서 이중주차, 통로주차, 도로주차 등으로 매일 밤 주차 대란이 심각하다고 적혀 있습니다. 이에 입주자 대표회의에서 주차난 **해소**를 위해 부득이 주차비를 인상했다고 설명했어요.

### 어휘 쏙쏙

- **대란**: 크게 일어난 난리
- **이중주차**: 이미 주차가 되어 있는 자동차의 바로 앞 또는 바로 뒤에 자동차를 세워 두는 일
- **해소**: 어려운 일이나 문제가 되는 상태를 해결하여 없애 버림

 **The 똑똑하게 신문 읽기**

일부 아파트 단지는 왜 주차비를 인상했나요?

---

주차 가능 대수보다 주차등록 대수가 많으면 어떤 문제가 생길까요?

---

 **쏙쏙 경제 데이터 분석**

2017~2023년 자동차 누적등록 대수

우리나라에서 자동차 등록은 매년 50만 대씩 증가하는 추세예요. 2023년 자동차 누적 등록은 2,594.9만 대로 나타났지요. 당시 대한민국 총인구수가 5,139.2만 명 정도였던 것과 비교하면 자동차의 수가 차지하는 비율이 무척 높다는 것을 알 수 있어요.

 **The 똑똑하게 생각하기**

주차비 인상이 주차 대란 해결에 얼마나 도움을 준다고 생각하나요? 이 외에 주차 문제를 해결할 수 있는 방법은 무엇이 있을까요?

---

## 026
## 세 자녀 있는 가족은 열차 반값에, 다자녀 복지의 효과

앞으로 세 자녀 이상 가족은 KTX, SRT 등의 열차를 반값에 이용하게 된다고 해요. 다자녀를 뒀거나 계획 중인 가족이라면 꼭 챙겨야 할 소식입니다. 한국철도공사 코레일과 SR은 저출생 **극복**을 지원하기 위해 2024년 5월부터 자녀가 셋 이상인 가족이 KTX와 SRT를 반값에 이용하도록 '다자녀 행복' 할인 폭을 확대한다고 밝혔어요. 기존의 다자녀 행복 할인은 만 25세 미만 자녀가 2명 이상인 코레일 및 SR 멤버십 회원의 경우, 어른 1명을 포함해 가족 중 최소 3명이 KTX나 SRT를 함께 탈 때 어른 **운임**을 30% 할인해 주던 제도입니다. 양사는 기존 두 자녀 가족에 대한 어른 30% 할인 혜택을 세 자녀 가족일 경우 어른 운임 50% 할인으로 확대한다고 해요. 이에 따라 만 25세 미만 자녀가 3명 이상인 각사 멤버십 회원 가족 중 어른 1명을 포함해 최소 3명이 KTX나 SRT를 탈 때 어른은 반값만 내면 됩니다. 코레일 측은 "지난해 기준 다자녀 가구 회원은 두 자녀 22만 7,000명, 세 자녀 9만 5,000명, 네 자녀 8,000명 등 약 33만 명"이라며 "이번 다자녀 할인 확대를 통해 세 자녀 이상 코레일 멤버십 회원 약 10만 3,000명이 추가 할인혜택을 받을 것으로 예상한다"고 전했어요.

### 어휘 쏙쏙

- **KTX**: 우리나라의 고속철도. 최고 시속은 약 300km
- **SRT**: 수서발 새로운 고속철도. 최고 시속은 약 300km
- **극복**: 악조건이나 고생 따위를 이겨냄
- **운임**: 운반이나 운수 따위의 보수로 받거나 주는 돈

 **The 똑똑하게 신문 읽기**

앞으로 세 자녀 이상의 가족이 열차를 탄다면 어떤 혜택을 받게 되나요?

---

KTX, SRT가 다자녀 가족에게 혜택을 주는 이유는 무엇일까요?

---

 **쏙쏙 경제 데이터 분석**

### 다자녀 가구의 보금자리론

**보금자리론 우대금리** (단위: %)

| 항목 | 연금리 |
|---|---|
| 기본 | 4.2~4.5 |
| 전세사기 피해자 | 3.2~3.5 |
| 장애인, 3자녀 이상, 다문화, 한부모 | 3.5~3.8 |
| 신혼 | 4.0~4.3 |
| 신생아 | 4.0~4.3 |
| 저소득 청년 | 4.1~4.4 |

정책모기지 공급규모 (단위: 조원)
- 2020년: 46.7
- 2021년: 36.9
- 2022년: 26.9
- 2023년: 59.5
- 2024년(목표): 40조원 안팎

새 보금자리론(대출)의 지원 요건은 연 소득(부부 합산) 7,000만 원 이하, 주택 가격 6억 원 이하예요. 신혼부부는 연 소득 8,500만 원, 다자녀 가구는 최대 1억 원까지 지원 요건이 완화돼요. 장애인·다문화·한가정·다자녀 가구에는 기본금리 4.2~4.5%를 적용하되, 최대 3%대 중반까지 우대금리 혜택이 제공돼요.

 **The 똑똑하게 생각하기**

세 자녀를 둔 가정에서 새 보금자리론 지원 요건을 충족하여 2억 원을 3.5% 이율로 대출한 경우 1년 간 내야 하는 이자는 총 얼마일까요?

① 500만 원
② 600만 원
③ 700만 원
④ 800만 원

정답: ③

## 027 야근·주말 근무 금지하고 출산 선물 지원하는 '가족친화기업' 인증제

　온라인 게임 회사 넷마블은 여성가족부로부터 가족친화기업 **인증**을 재획득했다고 밝혔어요. 가족친화기업은 여성가족부가 가족친화 제도를 모범적으로 운영하는 기업 및 공공기관을 심사해 3년간 인증을 부여하는 제도입니다. 넷마블은 2018년에 처음으로 가족친화기업 인증을 획득했었어요. 이번 재인증은 유효기간 연장 기간을 거쳐 획득한 것이라고 해요. 넷마블은 임직원의 일과 삶의 균형을 위해 가족친화적 **조직문화**를 정착시키고자 다양한 제도를 운용하고 있습니다. 지난 2017년 '일하는 문화 **개선안**'을 통해 야근·주말 근무 금지, 20시 강제소등, 종합 건강검진 확대 등을 도입했어요. 2018년 3월부터는 '선택적 근로시간제'를 시행해 월 단위 기본 근로 시간 내에서 업무시간을 자유롭게 선택할 수 있도록 했습니다. 이를 통해 자녀가 있는 직원들이 각자의 근무 스케줄에 따라 출근 전 자녀를 등원·등교시킬 수 있어 임직원의 높은 만족도를 얻고 있어요. 육아휴직 및 육아기 근로시간 단축제도 등을 운영해 임직원의 일과 출산, 육아의 균형 있는 삶을 보장하는 것이 특징입니다. 2019년 하반기부터는 **포괄**임금제 폐지를 시행하고 게임·IT 산업 특유의 근로 문화를 크게 개선해 임직원의 만족도를 높였어요. 이외에도 넷마블은 연 250만 원 상당의 복지 포인트, 장기근속자 휴가 및 휴가비, 효도비 및 출산 선물을 지원하는 등 복지 제도 운용에도 힘쓰고 있습니다.

### 어휘 쏙쏙

- **인증**: 어떠한 문서나 행위가 정당한 절차로 이루어졌다는 것을 공적 기관이 증명함
- **조직문화**: 집단 안에서 개인과 집단이 협력하는 방식을 특징 짓는 가치, 규범, 신념, 행동 양식의 구성
- **개선안**: 부족하거나 잘못된 것을 고치거나 나아지게 하는 내용의 안건
- **포괄**: 일정한 대상이나 현상 따위를 어떤 범위나 한계 안에 모두 끌어넣음

### The 똑똑하게 신문 읽기

가족친화기업 인증 제도는 무엇인가요?

_____

가족친화기업은 어떤 제도를 운용하고 있나요?

_____

### 쏙쏙 경제 데이터 분석

**가족친화기업 인증 기업 및 기관**

| 구분 | 계 | 대기업 | 중소기업 | 공공기관 |
|---|---|---|---|---|
| 계 | 5,911 | 668 | 4,110 | 1,133 |
| 2023 | 894 | 91 | 757 | 46 |
| 2022 | 897 | 87 | 753 | 57 |
| 2021 | 870 | 84 | 754 | 52 |
| 2020 | 609 | 52 | 498 | 59 |
| 2019 | 498 | 60 | 391 | 47 |

최근 5년간의 가족친화기업 인증 기업 및 기관 현황을 살펴보면 수가 꾸준히 증가하고 있으며 23년 12월 기준 5,911개사에 이릅니다. 이렇게 인증되면 기업은 인증마크 및 정부 표창, 무료 컨설팅과 무료 교육 지원 혜택이 주어지며 체험료 무료 및 의료혜택이 근로자에게 주어지는 특혜가 부여돼요.

### The 똑똑하게 생각하기

**가족친화기업 인증 제도로 기대할 수 있는 긍정적 효과가 아닌 것을 고르세요.**
① 기업의 사회적 이미지 개선
② 근로자의 삶의 질 향상
③ 근로자 및 가족의 생활 만족도 증가
④ 취업률과 잠재 노동력의 이용률 감소

정답: ④

## 월급 절반이 학원비로!?
## 가정 경제에 부담을 주는 사교육비

우리나라의 **사교육비** 부담이 점점 늘어나면서 가정에 큰 어려움을 주고 있습니다. 이러한 사교육비 부담은 '**에듀푸어**'를 양산하고 가뜩이나 확산 중인 출산 기피 현상을 부추길 것이라는 우려가 커지고 있는데요, 결혼과 출산을 결정할 때 사교육비 부담이 큰 영향을 미치고 있는 것입니다. 2024년 3월 교육부와 통계청이 전국 초·중·고 3,000곳 학교 학생 7만 4,000명을 대상으로 조사한 결과 지난해 사교육비 총액은 27조 1,000억 원으로 1년 새 4.5% 뛰었습니다. 2022년 종전 최고 기록(26조 원)을 갈아치우며 3년 연속 사상 최대치를 기록한 것이지요. 지난해 초·중·고 학생 수가 1년 새 7만 명 줄었지만 사교육비 총액은 늘었습니다. 1인당 월평균 사교육비는 43만 4,000원으로 5.8% 늘었으며 이는 역대 최고 수준이었어요. 실제로 초·중·고 학생 10명 중 8명(78.5%)은 사교육을 받고 있는 것으로 조사되었습니다. 이처럼 사교육비 부담이 점점 늘어나면서 가정에 큰 경제적 부담을 주고 있습니다. 정부는 사교육비 **경감** 대책을 내놓고, 내년에는 사교육비 **순감**이 가능할 것으로 기대하고 있는데요, 아직까지는 뚜렷한 성과를 내지 못하고 있어요. 따라서 사교육비 부담을 줄이고 공교육을 강화하는 것이 중요할 것으로 보여요. 이를 통해 가정의 경제적 부담을 줄이고 출산율 증가에도 기여할 수 있을 것입니다.

- **사교육비**: 공교육비 이외에 학부모가 학교 교육을 위하여 자의에 따라 추가로 지출하는 경비. 교재비, 부교재비, 학용품비, 과외비 등
- **에듀푸어**: 교육을 뜻하는 에듀케이션(education)과 가난을 뜻하는 푸어(poor)의 합성어로 과다한 교육비 지출로 가난해져 살기가 어려운 계층
- **경감**: 부담이나 고통 따위를 덜어서 가볍게 함
- **순감**: 순수한 감소

**The 똑똑하게 신문 읽기**

사교육비가 늘어나면 어떤 문제가 있나요?

___

여러분은 월평균 사교육비를 얼마나 쓰고 있나요?

___

**쏙쏙 경제 데이터 분석**

### 사상 최대의 사교육비

전국 초·중·고교 사교육비 총액은 2022년 26조 원을 기록하며 1년 전보다 10.8% 상승했어요. 종전 최고인 2021년 기록(23조 4,000억 원)을 갈아치우며 2년 연속 사상 최대치를 기록했어요. 특히 사교육비 증가율이 물가상승률의 두 배에 달하면서 서민 생계를 위협할 정도로 사교육비가 지나치게 많이 올랐지요.

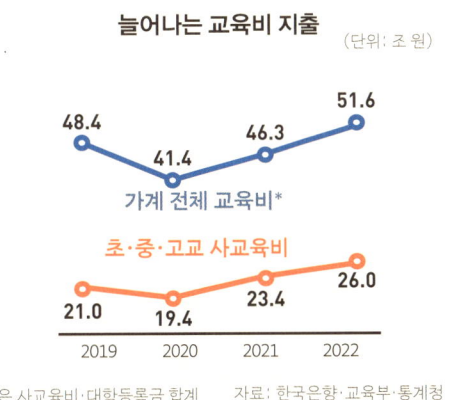

늘어나는 교육비 지출 (단위: 조 원)

가계 전체 교육비*: 48.4, 41.4, 46.3, 51.6
초·중·고교 사교육비: 21.0, 19.4, 23.4, 26.0
2019, 2020, 2021, 2022

*은 사교육비·대학등록금 합계  자료: 한국은행·교육부·통계청

 **The 똑똑하게 생각하기**

사교육비 지출과 부담을 줄이기 위한 정책이 아닌 것은 무엇일까요?
① 공교육의 강화
② 과장된 표현으로 사교육을 권장하는 광고 단속
③ 사교육 없이 공정하게 치를 수 있는 입시 제도 개편
④ 공교육 내 보충 학습 프로그램 유료화

정답: ④

## 029
## "예쁜 내 강아지, 아프면 어떡하지?" 펫보험 시장 급성장

　반려동물보험(펫보험) 시장이 가파른 성장세를 보이고 있습니다. 반려동물을 키우는 인구가 늘어나고 있는 데다 저출산·고령화로 **성장동력**을 잃은 보험사들이 미래 먹거리로 펫보험 사업을 본격적으로 강화하고 있기 때문이지요. 정부가 펫보험 활성화를 국정과제로 채택하고 관련 제도 개선에 나서면서 높은 성장세가 이어질 것이라는 분석입니다. 펫보험을 판매하는 11개 손해보험사를 분석한 결과, 2023년 보유 계약은 11만 건 정도로 추정됩니다. 손해보험사들이 가입자에게서 거둬들인 **원수보험료**(수입보험료)는 442억여 원을 기록했다고 하지요. 보유 계약과 원수보험료는 지난해 말과 비교해 각각 53.7%, 54% 급증했습니다. 대형 손해보험사가 펫보험을 판매하기 시작한 2019년과 비교하면 보유 계약과 원수보험료 모두 4년 새 약 5배 성장한 것이지요. 보험 업계 관계자는 "동물 진료 표준 수가와 진료 코드 부재 등 제도적 기반이 미흡한데도 불구하고 펫보험의 급성장세가 눈에 띈다"며 "보험사들이 '신시장'인 펫보험을 **선점**하기 위해 노력하고 있다"고 분석했습니다. 앞으로 보험사들의 펫보험 경쟁은 더욱 치열해질 것으로 예상됩니다.

### 어휘 쏙쏙

- **성장동력**: 업이나 경제 성장을 이끄는 힘
- **원수보험료**: 보험 회사가 보험 계약을 체결하고 보험 계약자에게서 직접 받아들인 보험료
- **선점**: 남보다 앞서서 차지함

펫보험 시장이 가파른 성장세를 보이는 이유는 무엇인가요?

---

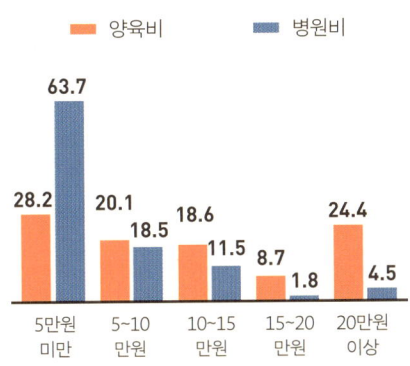

반려동물 마리당 월평균 양육비

■ 양육비　■ 병원비

- 5만원 미만: 28.2 / 63.7
- 5~10만원: 20.1 / 18.5
- 10~15만원: 18.6 / 11.5
- 15~20만원: 8.7 / 1.8
- 20만원 이상: 24.4 / 4.5

월평균 가구소득이 높을수록 반려동물 서비스 이용 경험 비율도 증가했는데, 특히 월평균 가구소득이 높을수록 '반려동물 미용업체' 이용 경험 비율이 높았어요. '도시지역(54.7%)'이 '농어촌 지역(읍면지역(35.3%))'보다 미용 서비스를 더 많이 이용하는 것으로 나타났어요.

---

반려동물을 위한 보험에 가입할 때 고려하지 않아도 되는 것을 고르세요.
① 매달 내야 하는 보험료가 얼마인가
② 어떤 질병에 대해 보상받을 수 있는가
③ 보험을 판매하는 기업의 위치는 어디인가
④ 치료비는 얼마나 지원되는가

ⓒ 정답: ③

PART 2. 가족

## 030 집 사는 데 세금을 1억 원 내라고요?

요즘 집을 사려는 사람들이 많은 어려움을 겪고 있어요. 그 이유 중 하나가 바로 '취득세' 때문이에요. 취득세는 새 집을 사면 내야 하는 세금인데 요즘 취득세가 너무 많이 올라서 문제가 되고 있어요. 예를 들어, 서울 송파구에 살던 김 씨 가족은 자녀의 대학 입학 때문에 새집을 사려고 했지만 취득세가 너무 비싸서 포기하고 전세를 선택했어요. 취득세가 1억 원이 넘어서 부담이 너무 컸던 거죠. 이렇게 취득세 때문에 집을 사기가 어려워지면서 전국적으로 아파트 **매물**이 쌓이고 있어요. 기존에 살고 있던 아파트가 팔리지 않은 채 새집을 사면 2주택자로서 취득세 8%를 내야 하기 때문에 부동산 거래가 줄어들고 있는 것이죠. 정부에서는 이런 문제를 해결하기 위해 취득세 **중과세**를 **완화**하겠다고 했지만, 아직 국회에서 법 개정이 되지 않아 어려움이 계속되고 있답니다. 그러나 취득세를 낮추면 집값이 오를 수 있다는 점도 생각해야 해요. 세금이 적어지면 상대적으로 집값이 떨어진 것과 같은 효과가 되면서 여러 사람이 집을 사려고 하고, 집값 상승으로 이어질 수도 있거든요.

### 어휘 쏙쏙

- **매물**: 부동산 거래에서 사고파는 물건
- **중과세**: 일반적으로 적용하는 세율보다 높은 세율
- **완화**: 긴장된 상태나 급박한 것을 느슨하게 함

### The 똑똑하게 신문 읽기

집을 사면 내야 하는 세금을 무엇이라고 하나요?

---

### 쏙쏙 경제 데이터 분석

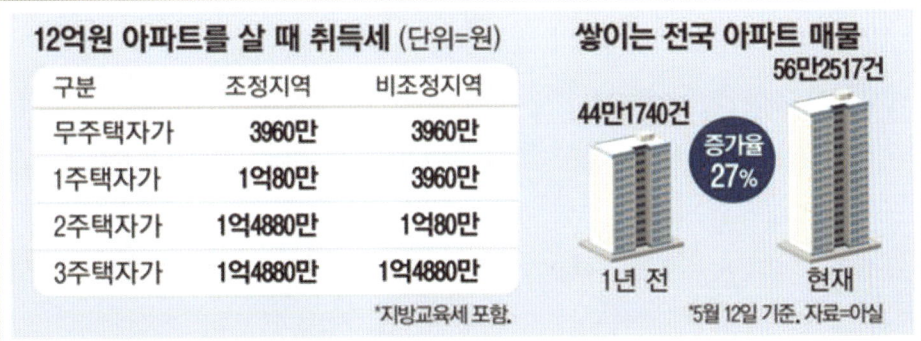

부동산과 같은 재산을 얻을 때 내는 세금을 취득세라고 해요. 집이 없는 사람이 처음 집을 사면 2.3%~4%의 취득세를 내요. 하지만 집이 한 채 있던 사람이 한 채를 더 사면 8%, 집이 두 채인 사람이 한 채를 더 사면 12%의 세금을 내야 한답니다.

---

### The 똑똑하게 생각하기

파주에 살던 서현이네 가족은 아빠가 직장을 세종시로 옮기시면서 이사를 가게 되었어요. 파주 집을 팔고 이사 가고 싶었는데 집이 안 팔려 전세를 주고 세종시에 다시 집을 사려고 해요. 세종시 집 가격은 10억 원이라고 해요. 서현이네가 집을 사면서 내야 하는 취득세는 얼마일까요?

## 031 잘 받던 연금 갑자기 뚝 끊겨, 기초연금의 위기

1인당 최고 33만 원 정도 받는 **기초연금**이 올해 **감액**되면서 관계 기관에 **민원**이 잇따르고 있습니다. 주된 이유는 은행, 저축은행 등 금융권의 이자율 상승 때문이라고 해요. 2024년 5월 MBC 보도에 따르면 4월에 상반기 기초연금 정기조사를 실시하고 지급되던 기초연금의 감액이나 중단 등의 통

보가 이뤄집니다. 매년 **변동** 사항이 발생하곤 했으나 올해는 유독 더 많은데 주된 이유는 금융권의 이자율 상승 때문이라고 해요. 지난해 이자율이 최고 6%까지 상승하면서 예년과 비교해 이자를 2배 정도 많이 받게 됐고, 이에 따른 소득 증가분이 올해 반영된 것이라고 합니다. 구청 관계자는 "부동산 공시가격이 오르거나 금융 재산이 증가할 경우 지급 변동이 일어날 수 있으나 올해는 이자율 변동이 가장 큰 요인으로 꼽힌다"면서 "최근 민원이 굉장히 많이 들어와 야근을 하면서까지 관련 민원에 대응하고 있다"고 했습니다. 일례로 지난달부터 진행된 조사에 따르면 전주시에서 기초연금을 지급받는 대상자들 중 1,389명이 한 달간 급여 감소를 통지받았습니다. 특히, 313명은 아예 급여 중지를 **통지**받았는데, 6월 말까지 2달간의 조사가 더 진행되면 그 수는 더 증가할 전망입니다.

### 어휘 쏙쏙

- **기초연금**: 국민이 노후에 최소한의 기본적인 생활을 유지할 수 있도록 국가가 주는 연금
- **감액**: 액수를 줄임 또는 줄인 액수
- **민원**: 주민이 행정 기관에 대하여 원하는 바를 요구하는 일
- **변동**: 바뀌어 달라짐
- **통지**: 기별을 보내어 알게 함

**기초연금이 감액되는 이유는 무엇인가요?**

___

**이자율이 상승되면 어떤 현상이 나타나나요?**

___

3층 연금체계란 노후소득 보장체계의 안정성을 도모하기 위해 공적연금, 사적연금 등에 의해 지탱하는 것을 말해요. 세계은행의 1994년 보고서 <노년위기의 모면(The Averting Old-age Crisis)>을 통해 3층 연금체계가 본격 제시되었습니다. 우리나라도 세계은행이 제시한 3층 연금체계를 채택하고 있어요. 1층에는 기본적인 생활을 보장하기 위해 국가가 강제로 내도록 하는 국민연금이 자리해요. 2층에는 근로자들의 노후소득 보장을 위한 퇴직연금이 자리합니다. 가장 위 3층에는 여유 있는 생활을 보장하기 위해 개인이 가입하는 개인연금이 있어요.

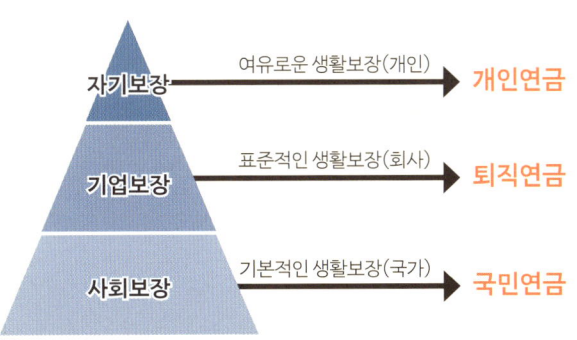

**기초연금 예산이 줄어들면 생길 수 있는 일은 무엇일까요?**
① 기초연금 대상자의 소비가 늘어난다.
② 기초연금 대상자가 받는 연금 액수가 줄어든다.
③ 기초연금 대상자가 받는 연금이 중단되지는 않는다.
④ 기초연금 대상자의 저축액이 늘어난다.

정답: ②

## "나이 들어 아프면 누가 돌봐주죠?" 초고령사회에 노인 간병 부담

032

성인 대부분이 **노인 간병**에 대해 염려하고 있지만 충분한 대비를 못 하는 것으로 나타났습니다. 2024년 1월 보험연구원이 전국 19~69세 성인 남녀 1,900명을 대상으로 본인·가족의 노인 간병 필요 가능성에 대해 기대와 대비 등을 묻는 설문조사 결과를 발표했습니다. 응답자들은 자신이 평균 83세까지 생존하고, 평균 6년 정도의 노인 간병이 필요할 것이라고 대답했어요. 본인의 '노후 돌봄' 가능성에 대해 염려하는 응답자는 72.8%였습니다. 자신의 노후에 간병이 필요하다고 인식하고 있고 이에 대해 우려도 하는 것이지요. 그러나 이들 중 67.9%는 관련 위험에 대비하지 못하고 있다고 답했습니다. 노인 간병 위험에 대비하는 방법으로는 '**장기요양보험**'(59.6%)이 가장 많았어요. 장기요양보험은 고령·노인성 질병 등으로 혼자서 일상을 영위하기 어려운 노인 등에게 신체 활동이나 가사 지원과 같은 장기요양급여를 제공해 주는 제도입니다. 가족 간병을 책임지고 있는 응답자의 대부분(91.4%)은 가족 간병 부담 증가를 우려하고 있었어요. 특히 간병 비용이 오르는 것이 부담스럽다(76.4%)는 의견이 큰 비중을 차지했지요. 아울러 **간병 번아웃**이 올 수도 있다는 우려가 나오는 상황입니다.

### 어휘 쏙쏙

- **노인 간병**: 노인의 곁에서 돌보고 시중을 듦
- **장기요양보험**: 고령이나 노인성 질병 따위로 인해 6개월 이상 동안 혼자서 일상생활을 수행하기 어려운 65세 이상의 노인에게 신체 활동 또는 가사 지원 따위의 장기 요양 급여를 사회적 연대 원리에 의해 제공하는 사회 보험
- **간병 번아웃(burnout)**: 돌봄을 책임진 사람들이 정서적으로나 육체적으로 자신의 역할에 탈진하는 것

**장기요양보험은 무엇인가요?**

_____

**가족에게만 노인 간병을 맡기면 어떤 문제가 있을까요?**

_____

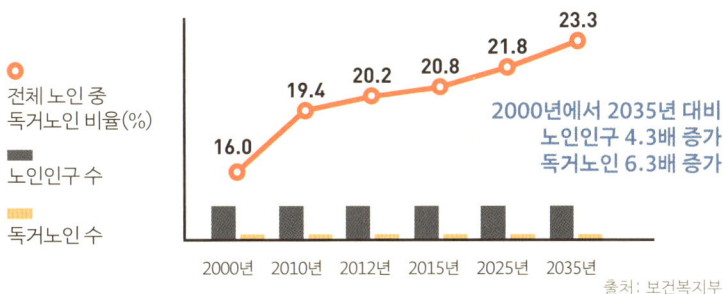

2025년이면 우리나라는 초고령사회(65세 이상의 인구가 전체 인구의 20%)로 진입합니다. 고령인구가 빠르게 증가하고 있으며 독거노인의 수는 더 빠르게 증가하고 있어요. 2000년에서 2035년까지 노인인구는 4.3배, 독거노인은 6.3배가 증가할 것으로 예측돼요.

**노인 간병에 대한 가족 부담을 줄여줄 수 있는 방안으로는 무엇이 있을까요?**

① 노인 간병을 전문으로 하는 단체
② 노인 간병 비용 지원
③ 노인의 사회적 참여 프로그램
④ 위 모두 정답

정답: ④

## 국제결혼 이제는 진짜 대세로

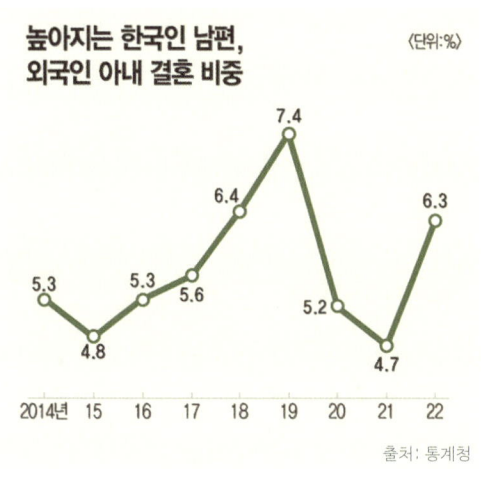

높아지는 한국인 남편, 외국인 아내 결혼 비중 〈단위:%〉
출처: 통계청

외국인과 결혼하는 이른바 '국제결혼'이 대세로 자리 잡고 있습니다. 인식이 부정적이던 과거와 달리 국제결혼에 **호의적**인 여론이 증가하고 있지요. 국제결혼 비중은 증가하는 추세입니다. 통계청 자료에 따르면, 전체 혼인 건수 중 한국인 남편·외국인 아내 혼인이 차지하는 비중이 증가 추세를 보였습니다. 코로나19 직전인 2019년의 경우 전체 혼인 건수의 7.4%가 한국인 남편·외국인 아내의 혼인이었습니다. 해당 비율은 코로나19 동안 다소 감소했지만, 팬데믹이 종식된 이후 다시 반등했습니다. 국제결혼 **선호도**는 2024년 들어 더 높아졌는데요, 결혼정보 회사가 25~39세 미혼 남녀 500명을 대상으로 국제결혼에 대한 설문조사를 실시한 결과 응답자의 절반 이상(52.4%)이 "국제결혼 의향이 있다"고 밝혔습니다. 미혼 남녀가 생각하는 국제결혼의 제일 좋은 점은 '문화적 차이로 인해 **견해**가 넓어진다'(33.8%)는 것이었습니다. '아이가 2개 이상의 언어를 배울 수 있다'(29.4%), '다문화 가정 혜택을 누릴 수 있다'(11.8%), '배우자의 모국어를 배울 수 있다'(9.8%)는 것도 장점으로 꼽혔습니다.

### 어휘 쏙쏙

- **국제결혼**: 국적이 다른 남녀가 결혼하는 일
- **호의적**: 좋게 생각해 주는 것
- **선호도**: 좋아하는 정도
- **견해**: 어떤 사물이나 현상에 대한 자기의 의견이나 생각

국제결혼에 대해 호의적인 여론이 증가한 이유는 무엇인가요?
_____

가장 많은 증가를 보이는 국제결혼 혼인 건수는 어떤 경우인가요?
_____

### 쏙쏙 경제 데이터 분석

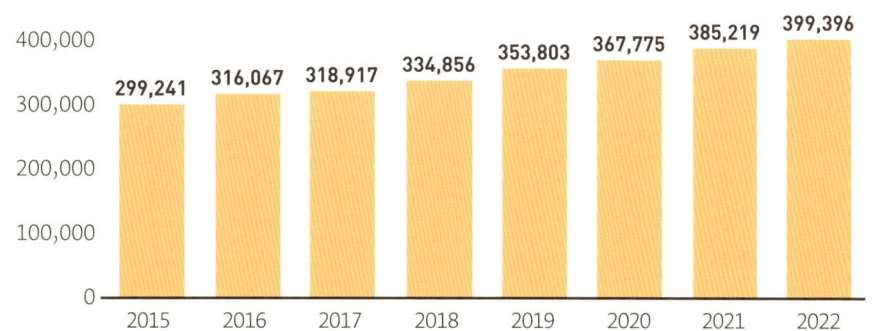

대한민국 다문화 가구 증가 (단위: 가구)

2023년 대한민국 다문화 가구 수는 통계상 399,396가구였어요. 실제로 가구원으로 생각해 보면 약 70만 명에 가깝게 등록하여 살고 있다고 볼 수 있어요. 2015년 299,241가구였던 다문화 가구 수는 2022년 7년 사이에 10만 가구가 증가했어요.

### The 똑똑하게 생각하기

**다문화 가구가 우리 경제에 미치는 영향에 대한 긍정적 변화가 아닌 것을 고르세요.**
① 다문화 가구 증가로 인한 소비 시장의 확대
② 다문화 가구 근로자의 증가로 인한 노동 시장의 다양성 증진
③ 다문화 가구 관련 산업의 성장이 경제 활성화에 기여
④ 다문화 가구로 인한 사회 통합 비용 증가와 경제적 부담

정답: ④

## 034
## 법으로 불효자를 막는다!?
## 부모와 자식 간의 상속과 증여

부모에게 재산을 **증여**받은 후 부모에 대한 **부양** 의무를 저버리는 '불효자'에 대해 법무부는 증여 재산을 환수할 수 있게 하는 민법 개정안 검토 작업에 나섰습니다. 시대에 따라 가족법도 변해야 하지만 '효도'라는 추상적인 개념으로 법률관계를 재단하는 것은 문제라는 지적이 나오는데요, 법무부는 제안 요청서에 "민법 제556조 및 제558조에 증여받은 자의 불효 행위 시 증여자의 반환청구권을 보장하는 개정안을 마련하는 것이 연구 목적"이라고 밝혔습니다. '불효자 방지법'은 부모 생전에 재산을 물려받은 자녀가 부양 의무를 이행하지 않거나 학대 등 부당한 대우를 했을 때 증여를 해제하는 법안입니다. 이 법안은 '구하라법'과 대비됩니다. 2019년 사망한 가수 구하라 씨의 오빠 구호인 씨가 "어린 동생을 버리고 집을 떠난 친모가 동생 사망 이후 상속재산의 절반을 받아 가려 한다"며 입법을 청원하면서 구하라법으로 불리게 됐습니다. 즉 구하라법은 양육·부양 의무를 저버린 가족의 **상속권**을 **박탈**한다는 것인데요, 법무부 관계자는 "구하라법으로 피상속인 의사가 좀 더 존중받게 된 것처럼 불효자 방지법으로 증여자도 보다 존중받을 필요가 있다"고 말했습니다.

### 어휘 쏙쏙

- **증여**: 물품 따위를 선물로 줌
- **부양**: 생활 능력이 없는 사람의 생활을 돌봄
- **상속권**: 상속인으로서의 지위에 따라서 발생하는 권리
- **박탈**: 남의 재물이나 권리, 자격 따위를 빼앗음

**불효자 방지법이란 어떤 법안인가요?**

_____

**구하라법이라고 불리는 법안의 주요 내용은 무엇인가요?**

_____

### 쏙쏙 경제 데이터 분석

**부모 세대가 선호하는 자산 이전 방식**

우리나라 대중부유층의 부모 세대가 자녀 세대에게 자산을 물려줄 때 세금 절감 등의 이유로 상속보다 증여를 2배 이상 선호하는 것으로 나타났어요. 또 상속 선호자와 증여 선호자의 각각 100%, 83.9%는 자산 이전 시 가장 큰 걱정으로 '세금'을 지목했어요.

대중부유층: 고액 자산가와 중산층 사이의 부유층

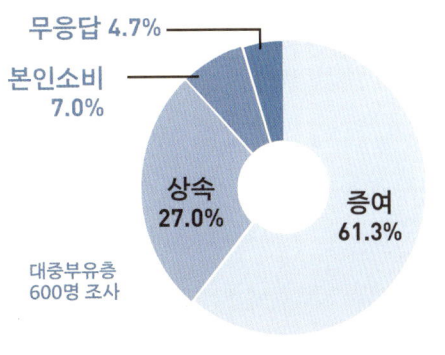

무응답 4.7%
본인소비 7.0%
상속 27.0%
증여 61.3%
대중부유층 600명 조사

출처: 신한라이프 상속증여연구소

### The 똑똑하게 생각하기

**자녀에게 직접적으로 물려줄 수 있는 재산의 유형이 아닌 것을 고르세요.**
① 금융 자산(현금, 예금, 주식 등)
② 부동산(토지, 집 등)
③ 저작권 관련 수익(인세 등)
④ 명성과 평판

정답: ④

## 어렵게 모은 3만 원을 기부한 세 아이 아빠, 기부도 경제 활동

장애를 가진 아이를 두고 어렵게 살고 있는 한 가정의 가장이 더 어려운 가정에 전달해달라며 폐지를 팔아 모은 돈 3만 원과 라면, 옷 등을 경찰서 **지구대**에 놓고 사라졌습니다 보도에 따르면 어린이날 다음 날 오전 11시쯤 부산 북부경찰서 덕천지구대에 한 남성이 큰 박스를 가지고 왔다고 합니다. 이 남성은 경찰관이 다가오자 박스를 바닥에 두고서 뒤도 안 돌아보고 사라졌는데 경찰관들이 박스를 열어보고선 눈시울을 붉혔다고 해요. 왜냐하면 박스에는 편지와 함께 옷과 과자, 라면, 빛바랜 꼬깃꼬깃한 천 원짜리 지폐 30장이 들어 있었고, 편지 봉투엔 "어려운 아이 가정에 전달되었으면 합니다"라는 글이 적혀 있었기 때문이었죠.

편지 작성자는 자신을 '세 아이 아빠'라며 "첫째가 장애 3급, 저희는 **수급자** 가정"이라고 소개했습니다. 편지에는 "적은 금액이지만 받아주시고 많이 못 드려 미안하다"면서 "어린이날 어려운 아이 가정에 전달돼 피자라도 사 먹게 했으면 한다"고 쓰여 있었지요. 폐쇄회로(CC)TV를 확인한 경찰관은 해당 남성이 지난해 부산 동구에서 발생한 화재 때도 다친 경찰관과 소방관을 돕고 싶다고 기부한 사람과 같은 사람이라는 것을 확인했어요. 덕천지구대는 남성이 두고 간 박스와 돈이 가정 형편이 어려운 아동에게 보내지도록 행정복지센터에 전달할 예정이라고 합니다.

- **지구대**: 경찰서보다 작고 파출소보다 큰 규모의 지역 경찰 관서
- **수급자**: 급여, 연금, 배급 따위를 받는 사람. 사회적인 취약 계층

 **The 똑똑하게 신문 읽기**

자신도 어려운 상황이지만 다른 사람을 위해 기부하는 사람의 마음은 어떤 것 같나요?

---

 **쏙쏙 경제 데이터 분석**

사랑의 온도탑

전국에서 모인 따뜻한 마음을 전국 17개 시도 사랑의 온도탑에 나타내며, 목표액의 1%가 모일 때마다 1℃씩 올라갑니다.

---

 **The 똑똑하게 생각하기**

학생들이 할 수 있는 기부 방법이 아닌 것은 무엇인가요?

① 용돈 일부 또는 물품 기부하기
② 봉사활동 참여하기
③ 머리카락 기부하기
④ 기업 사회 공헌 활동

정답: ④

PART 2. 가족

## 036 재테크와 교육을 한 번에, 재듀테크 뜬다

최근 **앱테크**, **짠테크** 등 일상에서 쉽게 할 수 있는 작은 규모의 생활 **재테크**가 인기입니다. 교육업계 역시 이러한 트렌드에 주목해 학습 시 금전적 보상을 제공하는 서비스를 선보이며 '에듀'와 '재테크'를 결합한 '재듀테크'가 열풍을 불러일으키고 있는데요, 재듀테크란 학습량이나 출석 일수 등 일정 기준에 따라 적절한 보상을 제공함으로써 이용자들에게 지속적으로 학습 동기를 부여하고, 자발적인 학습 습관을 형성할 수 있도록 돕는 시스템을 말합니다. 고물가의 영향으로 현명하게 소비하려는 움직임이 커지면서 공부도 하고, 돈도 버는 재듀테크 상품에 관심이 집중되고 있지요. 공부 습관이 형성되지 않은 학습자들에게는 즉각적인 학습 보상이 효과적입니다. 출석만 해도 포인트를 주는 패키지, 학습을 지속할수록 보상도 늘어나는 콘텐츠가 주목받고 있습니다. 이를 통해 학습자가 공부에 대한 자신감과 흥미를 가지며 스스로 학습 습관을 갖도록 하고 있지요. 이 외에도 금융, 경제 퀴즈를 풀고 리워드를 받을 수 있는 앱도 있는데 이를 통해 학생들에게 금융, 경제 지식을 게임 형태로 전달하고 현금성 보상까지 지급해 보다 재미있는 경제교육을 실시할 수 있습니다. 다양한 재듀테크의 발전이 앞으로도 기대됩니다.

### 어휘 쏙쏙

- **앱테크(app+tech)**: 스마트폰 앱을 사용하기만 해도 돈을 버는 신 재테크 풍조
- **짠테크(짜다+tech)**: '짜다'와 '재테크'가 합쳐진 합성어로 불황을 견디는 방식으로 단순히 아끼고 안 쓰자는 의미보다 불필요한 낭비를 막자는 의미
- **재테크**: '재무 테크놀로지'의 줄임말로 보유한 자금을 효율적으로 운용하여 재산을 불리는 행위

생활 속 재테크에는 어떤 것들이 있나요?

___

재듀테크가 주목받는 이유는 무엇인가요?

___

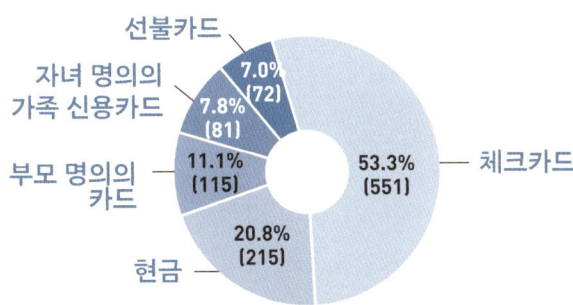

미성년자 자녀에게 용돈을 주는 방식

- 선불카드 7.0% (72)
- 자녀 명의의 가족 신용카드 7.8% (81)
- 부모 명의의 카드 11.1% (115)
- 현금 20.8% (215)
- 체크카드 53.3% (551)

2023년에 실시한 '미성년자 자녀에게 용돈을 주는 방식' 설문조사에 따르면 응답자 10명 중 8명가량이 미성년자 자녀에게 카드로 용돈을 준다고 답했습니다. 카드의 종류는 체크카드 53.3%, 부모 명의의 신용카드 11.1%, 자녀 명의의 가족 신용카드 7.8%, 선불카드 7.0%였어요. 현금을 준다는 응답자는 215명으로 20.8%에 그쳤고요.

재듀테크 앱의 특징이 아닌 것은 무엇인가요?

① 학습량을 확인하며 자발적인 학습 습관을 기를 수 있다.
② 학습에 따른 보상을 받으며 학습 동기가 부여된다.
③ 경제금융 경험을 쌓을 수 없다.
④ 다양한 경제 금융 서비스를 받을 수 있다.

정답 : ③

# "음주운전 가해자, 피해가족 양육비 내라."
# 한국판 벤틀리법

음주 운전 사고를 낸 가해자에게 피해자 자녀의 **양육비**를 부담하게 하는 법안이 발의되었습니다. 법안이 통과되면 가해자는 피해자의 미성년 자녀 양육비를 부담해야 합니다. 개정안은 음주 운전을 당한 양육 부모가 사망에 이르거나 경제활동을 할 수 없게 될 경우 가해자에게서 미성년 자녀의 양육비를 받을 수 있도록 했는데요, 개정안대로면 음주 운전 가해자는 피해 가족의 미성년 자녀가 성년이 될 때까지 양육비를 지급해야 합니다. 현행 양육비이행법에는 음주 운전 가해자가 피해 가족의 미성년 자녀 양육비를 지급해야 한다는 내용이 빠져 있습니다. 이 때문에 음주 운전 사고 이후 경제적 어려움을 겪는 가정을 실질적으로 지원할 수 있는 길이 마땅치 않았다고 해요. 한국교통연구원에 따르면 교통사고를 당한 유자녀 가정의 월평균 소득은 사고 이후 약 119만 원 감소한 100만 원 수준으로 조사되었습니다. 미국 테네시주에서는 지난 1월 음주 운전 사망 피해자의 미성년 자녀에게 가해자가 양육비를 지급하는 내용의 '이든, 헤일리, 그리고 **벤틀리법**'이 시행되었는데요, 이 법은 미국 내 20개 주 이상에서 **입법 절차**가 진행되고 있습니다. 법안을 발의한 위원들은 "음주 운전으로 양육 부모를 잃은 것만으로도 평생을 고통 속에 살 일인데 피해자가 경제적으로 어려움마저 겪고 있다"며 "이번 개정을 통해 음주 운전 피해자의 고통이 조금은 덜어지길 바란다"고 말했습니다.

### 어휘 쏙쏙

- **양육비**: 양육하는 데 드는 비용
- **벤틀리법(Bentley's law)**: 음주운전으로 인한 사망사고의 가해자가 피해자의 자녀 양육비를 책임지도록 하는 법률
- **입법 절차**: 법률을 제정하는 순서나 방법

### The 똑똑하게 신문 읽기

벤틀리법이란 무엇인가요?

_____

음주운전 사고 이후 유가족의 월평균 소득은 얼마나 감소하나요?

_____

### 쏙쏙 경제 데이터 분석

#### 어린이날 교통사고가 평소보다 1.5배

어린이날 교통사고는 평소 주말의 1.5배라고 합니다. 5월과 8월에 어린이 피해 비중이 높은데 어린이 피해 사고의 중대 법규 위반 유형별 구성비를 보면 신호위반 사고가 40.4%로 가장 많았으며, 중앙선 침범(25.5%), 횡단보도 보행자 보호 의무 위반(14.6%), 음주(9.3%) 순으로 집계됐어요. 특히, 횡단보도 위반과 음주운전에 의한 사고 구성비는 전체 피해자(각 12.7%, 8.0%)보다 높은 수준이에요.

### The 똑똑하게 생각하기

음주운전 사고를 막기 위한 방안으로 적절한 것은 무엇인가요?

① 음주운전 적발 시 법적 처벌을 강화한다.
② 음주운전 적발 이력이 3회 이하라면 처벌을 완화해 준다.
③ 음주운전 사고 피해자에게 소액의 합의금만 내도록 한다.
④ 음주운전 사고를 내도 운전면허증을 취소시키지 않는다.

정답: ①

## 038
## 집과 회사 오가며 '하이브리드 근무', 중소기업에 더 많은 이유

글로벌 기업들은 재택과 사무실 출근을 병행하는 '하이브리드 근무'를 속속 도입 중입니다. 한 언론사는 직장인 1,000명에게 하이브리드 근무제 관련 설문조사를 진행했습니다. 설문 결과를 살펴 보면 국내 기업 대부분은 하이브리드 근무제를 도입하지 않고 있는 것으로 답했습니다. 출근과 재택을 섞어 근무하고 있느냐는 질문에 "그렇다"고 답한 비율은 22.5%에 그쳤다고 해요. 77.5%는 출근한다고 답했지요. 실제 한국노동연구원의 <2022년도 한국 가구와 개인의 경제활동> 보고서에 따르면, 하이브리드 근무를 포함한 **유연 근무제**를 실시하고 있는 기업은 8.8%에 불과합니다. **매출 규모**가 작을수록 하이브리드 근무 도입 비율이 높았는데요, 회사 조직이 비대해 제도를 쉽게 바꿀 수 없는 대기업보다는 비교적 제도 개편이 자유로운 중소기업이 하이브리드 근무를 쉽게 받아들인 것으로 보입니다. 하이브리드 근무제에 대한 만족도는 80%로 상당히 높은 편입니다. 만족한다고 답한 이유 중 1위는 '출퇴근 시간 절약'이 63%를 차지했습니다. 1~2시간 넘게 걸리는 출퇴근 시간을 자기계발, 휴식, 추가 노동 등의 용도로 활용할 수 있다는 것 때문이죠. 다음으로는 시간 활용 유연성 증가(42%)가 긍정적 이유로 언급됐어요. 출근 준비, 출퇴근에 걸리는 시간을 절약해 휴식, 자기계발, 추가 업무 등에 쓸 수 있어 좋다는 반응입니다.

- **하이브리드 근무(hybrid work)**: 시간과 공간 제약 없이 자유롭게 선택하며 일하는 것
- **유연 근무제**: 개인의 선택에 따라 근무 시간·근무 환경을 조절할 수 있는 제도
- **매출 규모**: 물건 등을 파는 크기나 범위

하이브리드 근무제란 무엇인가요?

___

매출 규모가 작은 기업이 하이브리드 근무 도입이 높은 이유는 무엇인가요?

___

업무시간과 공간이 정해져 있는 업무 형태를 전통적인 사무실 근무라고 해요. 업무시간은 정해져 있지만 공간에 제약이 없는 것은 원격 근무라고 하죠. 시간의 제약이 없고 공간에 제약이 있는 것은 유연 근무라고 해요. 시간과 공간 모두 제약이 없는 것을 하이브리드 근무라고 합니다.

하이브리드 근무에 대해 만족하지 않는 이유로 타당하지 않은 것을 고르세요.

① 대면을 통한 협업이 어려움
② 회사의 제도를 바꾸는 비용이 소요됨
③ 직원의 근무를 관리하기 어려움
④ 출퇴근에 소요되는 시간이 단축됨

정답 : ④

## "능력은 있는데 경력이 끊겨서." 경력단절 여성이 고용난 해결할 열쇠?

2023년 4월 기준 우리나라에서 출산과 육아, 가족돌봄 같은 이유로 직장을 그만둔 **경력단절 여성**은 135만 명에 이릅니다. 이는 15세에서 54세 **기혼여성** 794만 3,000명 중 17%에 달하는 수치인데요, 여성가족부가 발표한 '2022년 경력단절 여성 경제활동 실태조사'에 따르면 성인 여성 10명 중 4명이 임신, 출산, 돌봄 등 이유로 경력단절을 겪었거나 겪고 있는 것으로 나타났습니다. 경력단절 기간이 짧으면 그나마 **재취업**에 유리한 편입니다. 이 조사에 따르면 재취업한 여성들의 평균 경력단절 기간은 평균 8.9년에 달했습니다. 재취업에 성공해도 전과 같은 처우를 기대하기는 어려운 상황이지요. 경력단절 이후 첫 일자리의 현황을 보면 사무직·전문가, 상용직, 전일제 일자리는 줄었고, 판매·서비스직, 임시직·자영업자, 시간제 일자리는 늘었습니다. 주 평균 근로시간도 4.3시간 줄어들었지요. 임금을 살펴 보면 경력단절 이후 처음 취업한 일자리 임금(월평균 214만 원)은 경력단절 이전(월평균 253만 원)의 85% 수준에 그쳤습니다. 특히 경력단절을 경험한 여성의 현재 임금(월평균 232만 원)은 경력단절을 경험하지 않은 여성이 받는 임금(월평균 276만 원)의 84%인 것으로 조사되었어요. 결국 출산과 육아가 경력단절과 **임금격차** 같은 피해로 돌아오면서 출산율을 떨어뜨리는 큰 이유로 작용하고 있는 것입니다.

### 어휘 쏙쏙

- **경력단절 여성**: 근무 역량은 있으나 출산이나 육아 등의 사유로 직장을 그만둔 경험이 있는 여성
- **기혼여성**: 결혼한 여성
- **재취업**: 직장을 그만두었던 사람이 다시 취업하는 것
- **임금격차**: 남녀별·직종별·연령별·학력별·산업별·지역별로 지급되는 개개 노동자의 임금 차이

 **The 똑똑하게 신문 읽기**

성인 여성이 경력단절을 겪게 되는 이유는 무엇인가요?

_____

재취업에 성공하더라도 다시 그만두게 되는 이유는 무엇인가요?

_____

 **쏙쏙 경제 데이터 분석**

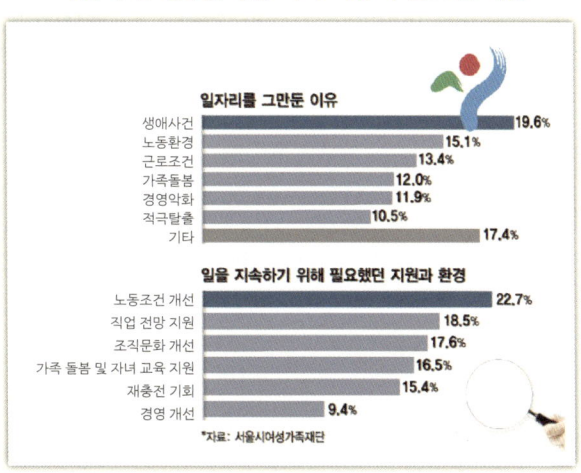

서울시 경력단절 여성은 결혼·임신·출산 등을 이유로 직장을 그만뒀으며, 일을 계속하기 위해 가장 필요한 지원으로 노동조건 개선을 꼽았어요. 경력단절을 겪은 여성 10명 중 4명은 이전의 경력을 이어가고 싶어 했어요.

 **The 똑똑하게 생각하기**

**여성의 경력단절 해소 대책으로 올바르지 않은 것은 무엇일까요?**
① 경력단절 여성을 위한 취업 지원 프로그램
② 육아를 위한 재택근무제 마련
③ 육아 휴직 기간 단축
④ 근무 시간을 유연하게 조정할 수 있도록 함

정답: ③

## 부자들 10명 중 4명은 매일 가족과 식사한다

부자(금융자산 10억 원 이상)들은 일반 대중보다 가족과 더 많은 시간을 보내고 있는 것으로 나타났습니다. 특히, 10명 중 4명 이상은 매일 가족과 함께 식사를 하고 있다고 답했는데요, 일주일 동안 가족과 함께 식사한 횟수를 물었을 때 부자는 '거의 매일'이 41%, '주 3~4회'가 27%로 부자 10명 중 7명이 주 3회 이상 가족과 함께 식사를 한다고 밝혔습니다. 반면 일반 대중은 가족과 식사를 거의 안 한다는 비율이 20%에 육박했는데, 이는 가족과 식사를 안 한다는 부자(9%)보다 2배 정도 높은 수치입니다. 조사 업체 관계자는 "올해는 부자의 **자산관리** 방식뿐 아니라 '돈과 행복'이라는 **본질적**인 질문에 대해 심도 있게 분석하면서 진정한 돈의 가치를 되새겨보고자 했다"면서 "바빠서, 공통 **관심사**가 없어서 등 가족과 함께하기 어려운 이유는 누구에게나 똑같이 적용되는 핑계가 될 수 있지만 반복되면 정말 어색해지는 사이가 가족이기도 하다"고 짚었습니다. 이어 "부자의 경우 가족과 함께하는 시간이 더 긴 것을 확인했다"며 "이는 가족관계를 소중히 함으로써 심리적 안정과 행복, 사회생활의 원동력을 얻는 것"이라고 설명했습니다. 실제 부자들이 꼽은 삶의 요인별 만족도는 전 분야에서 일반 대중보다 높게 나타났습니다.

- **자산관리**: 개인이나 법인이 소유하고 있는 경제적 가치가 있는 유형·무형의 재산을 관리하는 일
- **본질적**: 본질에 관한 것
- **관심사**: 관심을 끄는 일

가족관계를 소중히 하게 되면 어떤 힘을 얻게 되나요?

___

 쏙쏙 경제 데이터 분석

### 2024년 추가 투자 계획 항목(1순위)

| 항목 | 값 |
|---|---|
| 부동산 | 24 |
| 예금 | 22 |
| 주식(직접투자)(ETF 제외) | 16 |
| 채권 | 9 |
| 펀드/신탁(ETF/ELT,DLT포함) | 8 |
| ETF | 2 |
| 현금 및 입출금통장(MMF, MMDA 포함) | 1 |
| 가상화폐 | 1 |
| 금, 예술품 등 기타 실물자산 | 1 |
| 추가적인 투자 계획 없음 | 16 |

자산 포트폴리오(Portfolio)란 투자 위험을 줄이고, 수익을 극대화하기 위해 자산을 현금, 예금, 채권, 주식, 펀드, 부동산 등 여러 종류에 투자하도록 구성한 것이에요. 대한민국 부자들은 올해 자산 포트폴리오를 유지하며 시장을 지켜볼 생각인 것으로 나타났어요. 올해 경기 전망을 부정적으로 보고 투자 호재를 기대하기 어렵다고 판단하고 있어서예요.

 The 똑똑하게 생각하기

**가족과 보내는 시간이 늘어날 때의 긍정적 영향으로 보기 힘든 것을 고르세요.**
① 가족 간 유대감 및 유대관계 강화
② 약물중독 및 핸드폰 중독
③ 부모-자녀 간 소통 증진 및 가족 내 화목 도모
④ 자녀의 건강한 성장과 발달에 도움

정답: ②

# PART 3

# 이웃

# 어린이 고객 어서 오세요!
# 노키즈존 아닌 웰컴 키즈존

출처: 국가인권위원회

우리나라에는 백화점 VIP 라운지나 식당 같은 곳에 아이들이 들어가지 못하는 '노키즈존'이 있어요. 하지만 국가인권위원회는 이게 아이들에게 공평하지 않다고 말했어요. 왜냐하면 단순히 어리다는 이유로 아이들을 배제하는 건 맞지 않다고 보기 때문이에요.

국가인권위원회는 백화점에 아이들도 VIP 라운지를 사용할 수 있게 해달라고 **권고**했어요. 아이들도 다른 사람들처럼 행복을 추구할 **권리**가 있고 또, 아이들만 금지하는 건 **헌법**에도 어긋난다는 이유 때문이에요.

이런 노키즈존 때문에 우리나라 저출산 문제가 더 심각해질 수 있다고 걱정하는 사람들도 있어요. 그래서 요즘에는 아이들이 조금만 주의를 받으면 들어갈 수 있는 곳인 '케어키즈존' 혹은 2층이나 테라스 등 일부 공간만 아이들 출입을 제한하는 '부분 노키즈존'도 생기고 있어요.

정부도 이 문제를 중요하게 생각해서 전국의 노키즈존이 얼마나 많고 왜 생겼는지 조사하고 있대요. 이렇게 모두가 함께 고민하고 노력하면 아이들도 마음껏 다닐 수 있는 세상이 올 거예요.

### 어휘 쏙쏙

- **VIP 라운지**: 우수 고객들이 쉬거나 차를 마실 수 있는 장소
- **권고**: 어떤 일을 하도록 권함
- **권리**: 정당하게 행사할 수 있는 힘
- **헌법**: 국가의 기본 법률

**The 똑똑하게 신문 읽기**

노키즈존은 왜 공평하지 않을까요?

---

**쏙쏙 경제 데이터 분석**

### 마케팅과 틈새시장

마케팅(marketing)은 소비자를 대상으로 한 모든 활동을 의미해요. 판매자는 상품이 매력적으로 보이도록 다양한 마케팅 활동을 펼치지요.

노키즈존이 논란이 되는 가운데 어린이 고객을 환영하는 '웰컴 키즈존', '키즈 프랜들리존'이 운영되고 있답니다. 이런 마케팅은 틈새시장을 노려 고객을 만들려는 전략이에요.

**The 똑똑하게 생각하기**

노키즈존을 만든 사장님들은 어린이들이 떠들어 다른 손님에게 피해를 주거나 아이들이 다치는 일이 발생하면 사장이 보상해야 하는 경우가 생기기 때문에 노키즈존을 만들었다고 해요. 어린이 입장에서는 반갑지 않은 것이 사실인데요, 사장님과 어린이 각각의 입장에서 노키즈존에 대한 생각을 말해 볼까요?

| 가게 사장님 | 어린이 |
|---|---|
|  |  |

PART 3. 이웃

# 짠테크 끝판왕의 중고거래

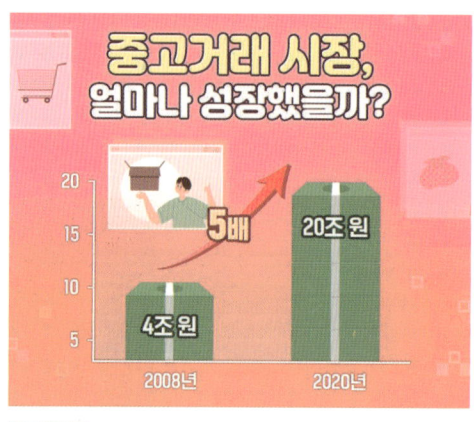

수십조 규모의 국내 중고거래 시장

혹시 당근이세요? 물건을 사고파는 것을 말할 때 '당근'이라는 말이 신조어로 떠오를 정도로 중고거래 **플랫폼**에서의 거래가 활발히 이루어지고 있어요. 국내 중고거래 시장은 2008년 4조 원 규모에서 2020년 약 20조 원으로 **급성장**했어요. 주요 중고거래 플랫폼인 당근마켓, 번개장터, 중고나라의 순 이용자 수는 약 1,090만 명에 달하며, 이는 우리나라 스마트폰 이용자 4명 중 1명이 중고거래 플랫폼을 이용한다는 것을 의미해요. 각 플랫폼은 지역 기반, **실시간 트렌드** 파악, 자유로운 거래 등 고유한 특성을 가지고 있어요. 당근이라는 회사가 '당신 근처'의 줄임말인 것처럼 집 가까이에서 물건을 직접 보고 구입할 수 있다는 장점을 가진 플랫폼들은 저렴한 판매가격, 판매자의 신용, ○○페이처럼 안전 거래 장치를 만들어 사람들의 신뢰를 쌓고 있어요. 전문가들은 이러한 장점을 가진 중고거래 시장이 앞으로 지속적으로 성장하며 그 역할과 영향력이 점점 더 커질 것이라고 예상하고 있어요.

### 어휘 쏙쏙

- **플랫폼**: 온라인에서 생산, 소비, 교환 등이 이루어지는 장소
- **급성장**: 규모가 급격하게 커짐
- **실시간 트렌드**: 현재 인기가 있는 주제나 현상

 **The 똑똑하게 신문 읽기**

중고거래 플랫폼의 고유한 특성은 무엇인가요?

_____

 **쏙쏙 경제 데이터 분석**

중고거래 현명하게 하는 법

중고거래 현명하게 하는 방법

1. 시세보다 너무 저렴하면 의심하기
2. 판매자 과거 거래 내역 확인하기
3. 비대면 거래보다 직거래나 안심 거래하기
4. 사기 피해 공유 사이트에서 판매자 범죄 이력 확인하기

 **The 똑똑하게 생각하기**

중고거래를 할 때 가장 중요하게 생각해야 할 것은 무엇인가요?

① 싼 가격

② 새 물건 구매

③ 빠른 배송

④ 안전한 거래

정답: ④

## 043

# 붕어빵 가게가 줄어든 이유

찬바람이 쌀쌀하게 불 때 떠오르는 길거리 간식이 있어요. 바로 달콤한 팥 앙금이 가득 들어 있는 붕어빵인데요, 1,000원짜리 한 장이면 뱃속을 든든하게 채울 수 있어 더욱 생각이 나곤 해요. 그런데 요즘 거리에서 붕어빵 **노점**을 찾기가 쉽지 않아요. 붕어빵을 만드는 원재료인 밀가루, 팥, 설탕, 식용유 가격과 연료로 쓰이는 가스 가격이 많이 올라서 노점을 그만두는 사장님들이 많아졌거든요.

문을 닫지 않은 일부 노점은 가격을 올리고 있는데요, 붕어빵 재료값이 급등한 탓에 가격 인상이 **불가피하다**는 입장이에요. 사정이 이러하다 보니 서울 일부 지역에선 붕어빵 1개를 1,000원에 파는 곳까지 등장했답니다. 지속되는 물가 상승은 서민들의 길거리 간식인 붕어빵에도 영향을 미치고 있어요. 어디 붕어빵 가격만일까요? 전 세계적으로 **고공행진** 중인 물가는 도대체 언제쯤 안정세를 되찾을 수 있는 건지 걱정하는 사람들이 많아지고 있어요.

- **노점**: 길에서 물건을 벌여 놓고 장사하는 가게
- **불가피하다**: 어쩔 수 없다.
- **고공행진**: 가격이나 인기가 치솟음

### The 똑똑하게 신문 읽기

길거리 붕어빵 노점이 줄어든 이유는 무엇일까요?

---

### 쏙쏙 경제 데이터 분석

**붕어빵 가격이 오른 이유**

단위: 원

| 품목 | 규격 | 2017년 | 2022년 | 상승률(%) | 2021년 | 2022년 | 상승률(%) |
|---|---|---|---|---|---|---|---|
| 밀가루(중력) | 1kg | 1,280 | 1,880 | 46.9 | 1,590 | 1,880 | 18.2 |
| 붉은팥(수입) | 800g | 3,000 | 6,000 | 100 | 5,000 | 6,000 | 20 |
| 설탕 | 1kg | 1,630 | 1,980 | 21.5 | 1,790 | 1,980 | 10.6 |
| 식용유 | 900ml | 3,890 | 5,180 | 33.2 | 4,090 | 5,180 | 26.7 |
| LPG가스 | 1kg | 1,927 | 2,455 | 27.4 | 2,312 | 2,455 | 6.2 |
| 합계 | | 11,727 | 17,495 | 49.2 | 14,782 | 17,495 | 18.4 |

출처: (사)한국물가정보

1. 원재료 가격 상승: 붕어빵의 주요 재료인 밀가루, 설탕, 팥 등의 가격이 크게 올랐어요. 특히 팥 가격이 약 20% 이상 올랐다고 해요.

2. 환율 상승: 한국 원화와 미국 달러 간 환율이 상승하면서 수입 원재료 가격이 올랐어요.

3. 국제 곡물 가격 상승: 러시아·우크라이나 전쟁으로 인해 국제 곡물 가격이 크게 올랐어요.

---

### The 똑똑하게 생각하기

우리 주변에서 일어나는 경제 현상이 우리 일상생활에 어떤 영향을 미치는지 알 수 있었죠? 붕어빵 가격 상승에 대응하기 위한 새로운 간식 아이디어를 제안해 볼까요?

| 새로운 간식 이름 | 만든 이유 |
|---|---|
| | |

## 044
## 로봇이 서빙을 한다고? 사람과 로봇의 협업 시대

서울의 한 식당에서는 서빙로봇을 **도입**하면서 매출이 오르고 직원 피로도 감소했다고 해요. 서빙로봇으로 매장 직원들의 업무 부담이 줄었고, 로봇이 음식을 배달해 줘서 직원들은 다른 일에 더 집중할 수 있게 되었답니다. 또한 서빙로봇은 24시간 쉬지 않고 일할 수 있어 매출 증대에도 도움이 되었어요. 이처럼 사람을 대신할 수 있는 로봇의 등장으로 **자영업자**들은 걱정을 덜게 되었어요. 그동안 최저임금 인상과 **인력난**으로 어려움을 겪었는데 서빙로봇이 해결책이 되어 주었죠.

2021년 국내 서빙로봇 도입 대수는 약 3,500대였지만, 2022년에는 약 1만 1,000대로 늘었고, 시장 규모도 같은 기간 약 900억 원에서 약 3,000억 원으로 성장했어요. 우리가 식당에서 서빙로봇을 보는 일은 이제 자연스러운 일이 되었답니다.

그러나 서빙로봇이 직원을 대신해 일하다 보니 사람들의 일자리를 빼앗는다는 걱정도 있어요. 이에 전문가들은 로봇을 단순 반복 작업이나 위험한 작업을 대신해 주는 보조 개념으로 봐야 한다고 말하고 있어요. 여러분은 서빙로봇에 대해 어떻게 생각하나요? 로봇과 인간의 조화로운 삶에 대해 생각해 보면 좋겠어요.

- **도입**: 끌어들임
- **자영업자**: 사업을 직접 운영하는 사람
- **인력난**: 직원을 구하는 데 어려움을 겪음

서빙로봇이 자영업자들에게 어떤 도움이 될까요?

### 협동로봇

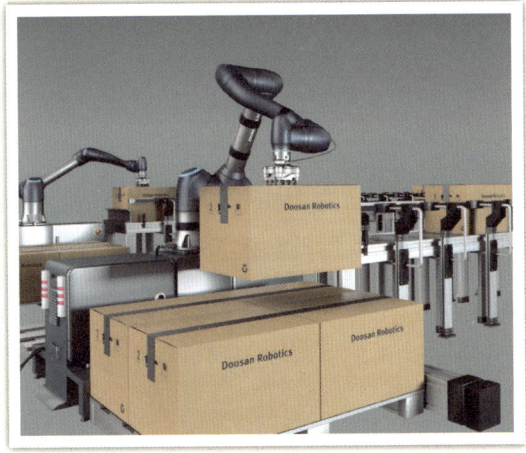

서빙로봇과 같이 인간과 로봇이 같은 공간에서 함께 작업하기 위해 설계된 로봇을 '협동로봇' 또는 '코봇(Cobot)'이라고 해요. 협동로봇은 사람이 손으로 장치를 만져 명령할 수 있고, 일정한 힘이 감지되면 즉각 작동을 멈춰 사람의 안전을 보장하는 로봇이랍니다.

서빙로봇을 도입하는 것이 좋다고 생각하나요? 이유는 무엇인가요?

서빙로봇이 사람의 일자리를 빼앗는다고 생각하나요? 이유는 무엇인가요?

## 045
# 내 최애 아이돌이 가상인간이래요

출처: 메타버스엔터테인먼트

가상인간 아이돌이 초등학생들 사이에서 인기예요. 최근 K팝 업계에서는 아이돌 그룹의 **지적재산권(IP)**을 활용하여 다양한 **스토리텔링** 콘텐츠를 선보이고 있어요. 이러한 노력으로 **메타버스**에서 가상인간 아이돌이 데뷔하는 사례가 늘어나고 있답니다.

한 예로, 넷마블과 카카오엔터가 합작한 가상인간 걸그룹 '메이브'가 데뷔했어요. 이 팀은 미래에서 온 멤버들이 감정의 자유를 찾아 시공간의 모험을 떠났다가 2023년 지구에 **불시착**했다는 독특한 세계관을 가지고 있어요. 멤버들은 MZ세대의 취향을 반영한 인형 같은 외모와 자연스러운 보컬, 안무를 선보이며 주목받고 있어요.

이처럼 K팝 업계에서는 가상인간 아이돌을 통해 새로운 시도를 계속하고 있어요. 앞으로 이들이 어떤 모습으로 발전해 나갈지 기대해 볼만합니다. 여러분의 최애 아이돌이 가상인간이 되는 날이 머지않았어요.

 어휘 쏙쏙

- **지적재산권(IP)**: 인간이 두뇌 활동으로 만들어 낸 것 중 법으로 보호할 가치가 있는 것들에 대한 권리
- **스토리텔링**: 줄거리와 내용이 담겨 있는 이야기
- **메타버스**: 가상의 세계
- **불시착**: 목적지에 도착하기 전에 예정되지 않은 장소에 비상 착륙하는 것

 **The 똑똑하게 신문 읽기**

가상인간 아이돌 '메이브'는 어떤 세계관을 가지고 있나요?

_____

 **쏙쏙 경제 데이터 분석**

### 지적재산권

지적재산권은 사람들이 만든 창작물이나 발명품을 보호하는 권리예요. 예를 들어 피카소가 그린 그림, 우리가 좋아하는 노래의 가사, 휴대폰의 디자인, 새로운 발명품의 특허 같은 것을 말해요.

 **The 똑똑하게 생각하기**

만약 여러분이 가상인간 아이돌 회사의 직원이라면 새로운 가상인간 아이돌을 만들기 위해 어떤 아이디어를 내볼 수 있을까요? 창의적인 아이디어 3가지를 제안해 보세요.

1. _____

2. _____

3. _____

## 046
## 꼭 구입해야 하나요? 빌려 쓰는 공유 경제 시대

'따릉이'라는 자전거를 알고 있나요? 서울시에서 운영하는 공공자전거로 대표적인 공유 경제 서비스예요.

공유경제는 우리 주변에서 점점 더 많이 볼 수 있는 새로운 경제 형태입니다. 따릉이처럼 물건이나 서비스를 여러 사람이 함께 사용하는 것을 말하지요. 예를 들어 에어비앤비는 집을 빌려주고 우버는 차량을 빌려주는 공유경제 서비스랍니다. 이렇게 공유경제는 소유하지 않고도 필요한 것을 사용할 수 있게 해 줘요.

공유경제는 전 세계적으로 빠르게 성장하고 있는데 전문가들은 공유경제가 사회 전체에 이득이 될 것이라고 내다보고 있어요. 소비자들은 더 저렴하고 편리한 서비스를 이용할 수 있게 되었고, 개인들은 자신의 물건이나 서비스를 다른 사람들과 공유하여 추가 수익을 얻을 수 있게 되었어요. 하지만 공유경제에는 몇 가지 문제점도 있어요. **기존** 사업자들이 공유경제 업체들과 경쟁하면서 갈등이 생기고 있고, 내 물건이 아니니 함부로 사용하는 소비자로 인해 손해를 보는 사람들도 생겨났어요.

그럼에도 앞으로 공유경제는 더욱 발전할 것으로 예상돼요. 이를 통해 우리의 삶이 더 편리해질 것이고 우리 사회에 긍정적인 변화를 가져올 거예요.

- **기존**: 이미 존재함

공유경제란 무엇인가요?

 쏙쏙 경제 데이터 분석

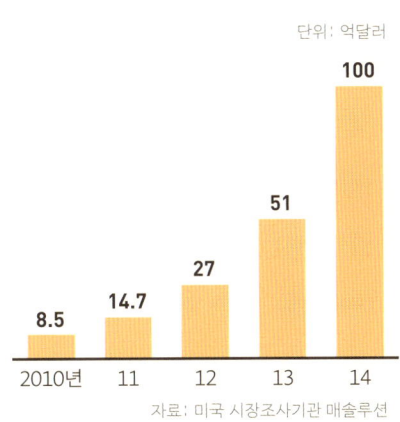

세계 공유경제 시장 규모

단위: 억달러

2010년 8.5
11 14.7
12 27
13 51
14 100

자료: 미국 시장조사기관 매슐루션

공유경제는 물건을 소유하지 않고 다른 사람과 나눠 쓰는 것을 말해요. 호텔과 같은 숙박업소가 아닌 빈 가정집을 빌려 숙박을 하거나 생일 파티장으로 쓸 수 있어요. 자동차도 스마트폰 앱을 통해 예약해서 빌리고 사용할 수 있어요. 사무실도 마찬가지로 여러 사람이 공유해서 쓰고, 심지어 미용실을 차리지 않고 한 미용실에서 여러 헤어 디자이너들이 공간을 나누어 사용하기도 한답니다.

 The 똑똑하게 생각하기

공유경제 서비스를 이용해 본 경험이 있나요? 어떤 점이 좋았나요?

공유경제와 관련된 새로운 아이디어가 있나요? 어떤 서비스를 만들고 싶나요?

# 047
# 외국인 유학생 20만 명 시대

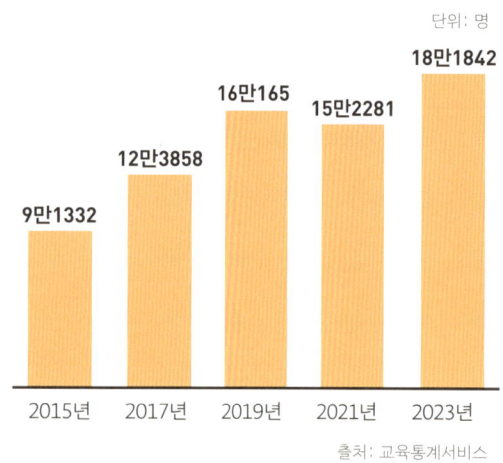

최근 A 대학에서 큰 문제가 생겼어요. 지난 학기까지만 해도 한국인 학생들이 사용하던 기숙사를 이번 학기부터는 외국인 유학생들만 사용하게 되었거든요. 또한 외국인 유학생과 한국인 학생이 함께 사용하던 기숙사도 외국인 유학생들을 우선으로 **선발**하고 남는 자리에 한국인 학생들을 받기로 했어요.

A 대학 관계자는 "코로나19가 끝나면서 유학생 수가 늘어났기 때문에 어쩔 수 없다"고 말했지만 학생들은 "안내도 없이 기숙사가 없어졌다"며 크게 반대하고 있어요. 실제로 A 대학의 기숙사 총 **수용 인원**은 2,401명인데 이 중 약 40%인 934명이 외국인 유학생들에게 배정되어 있어요. 이에 학생들은 외국인 유학생에 대한 배려가 지나치게 크다고 생각해요. 기숙사 문제뿐 아니라 강의 인원 등 한정된 자원을 두고 한국인 학생들과 유학생들이 경쟁하는 데다 문화 차이로 인한 생활 습관과 생각의 차이로 학생들 사이에 갈등도 생겨나고 있어요. 외국인 유학생들이 많아졌다는 건 우리나라의 **위상**이 높아졌다는 뜻이기도 하지만, 갈등이 더 커지기 전에 서로 함께 성장할 수 있는 방법도 찾아야 해요.

### 어휘 쏙쏙

- **선발**: 여럿 가운데에서 골라 뽑음
- **수용 인원**: 일정한 장소에 모을 수 있는 사람의 수
- **위상**: 어떤 사물이 가지는 위치나 상태

외국인 유학생들과 한국인 학생들 사이에는 어떤 문제가 발생하고 있나요?

___

### 역차별

역차별은 특별한 보호나 혜택을 받아야 할 사람들을 위하는 행동이 오히려 다른 사람에게 차별이 되는 것을 말해요. 예를 들어, 여성이나 소수민족 등 과거에 차별받았던 사람들을 보호하기 위해 특별한 혜택을 주는데 이로 인해 오히려 다른 사람들이 차별을 받게 되는 것이죠.

**역차별일까? 아닐까? 논란이 된 사례들**
- 지역 인재를 채용하는 기업: 지역 일자리를 늘리는 혜택일까? 다른 지역을 역차별하는 것일까?
- 대입 농어촌 학생 특별 전형: 도시에 비해 열악한 교육 환경을 가진 학생들에게 주는 혜택일까? 도시 지역 학생에 대한 역차별일까?
- 다문화 가정 복지 혜택: 원활한 정착과 생활을 위한 혜택일까? 한국인 가정에 대한 역차별일까?

기숙사와 강의 인원 등 한정된 자원을 공정하게 배분하기 위한 방법은 무엇일까요?

___

## 048
## 용량은 그대로인데 가격만 꼼수 인상, 슈링크플레이션 현상

요즘 가게에서 물건을 살 때 가격은 그대로인데 양이 줄어든 것 같은 느낌을 받아본 적 있나요? 이런 현상을 '슈링크플레이션'이라고 해요. 또, 가격은 그대로인데 제품의 질이 떨어진 경우도 있는데, 이건 '스킴플레이션'이라고 불러요. 이런 문제들 때문에 사람들이 실제로 더 많은 돈을 내고 있다고 느낄 수 있어요. 그래서 우리나라 국회에서는 이 문제를 해결하기 위한 법안을 내놓았어요.

이 법안에는 제품의 양이 줄거나 질이 떨어졌을 때, 그 정보를 소비자들에게 잘 알려야 한다는 내용이 들어 있어요. 그렇지 않을 경우에는 회사가 **처벌**을 받을 수도 있어요. 예를 들어, 물건을 만드는 회사들이 제품의 양을 줄이거나 질을 낮추면 그 변화를 꼭 홈페이지나 제품 포장지에 알려야 해요. 이렇게 되면 소비자들이 제대로 된 정보를 가지고 물건을 살 수 있어요. 한국소비자단체협의회는 "용량이나 함량 등 변화가 있을 때 이를 소비자가 알 수 있도록 투명하게 밝혀 사업자의 책임을 **강화**해야 한다"며 "이를 위해 표시에 대한 **법제화**가 신속하게 이뤄지고, 법제화와 함께 감시활동이 강화될 때 눈속임과 같은 행동이 사라질 것"이라고 주장했어요. 이런 법안이 실제로 통과되면 앞으로 우리는 물건을 살 때 더 많은 정보를 가지고 합리적으로 물건을 선택할 수 있게 될 거예요.

### 어휘 쏙쏙

- **처벌**: 벌을 주는 것
- **강화**: 힘을 더 강하게 하는 것
- **법제화**: 법과 제도로 정해 놓는 것

### The 똑똑하게 신문 읽기

제품의 가격은 그대로 두고 제품의 양을 낮춰 판매하는 것을 무엇이라고 하나요?

___

### 쏙쏙 경제 데이터 분석

#### 슈링크플레이션 사례

| 제조사 | 제품명 | 단행시기 | 중량 변화 등 | 비고 |
|---|---|---|---|---|
| 오○온 | 핫브레이크 | 2022.10 | 50g → 45g | |
| 농○ | 양파링 | 2022.9 | 84g → 80g | |
| | 오징어집 | 2022.9 | 83g → 78g | |
| 서○우유 | 비요뜨 | 2022.9 | 143g → 138g | |
| 롯○제과 | 카스타드 | 2021.9 | 12개 → 10개 | |
| | 꼬깔콘 | 2021.9 | 72g → 67g | |
| 동○ F&B | 양반김 | 2022.10 | 5g → 4g | |
| | 참치 통조림 | 2023 | 100g → 90g | |
| 롯○칠성 | 델몬트 쥬스 | 2023.7 | 과즙함량 16~43% 축소 | 품질 낮춤 |
| 오○맥주 | 카스 | 2023.4 | 375ml → 370ml | 묶음 4캔 |
| 풀○원 | 탱글뽀득 핫도그 | | 5개 → 4개 | 1봉지 |
| 해○제과 | 고향만두 | 2022.7 | 415g → 378g | |
| CJ제○제당 | 숯불향 바베큐바 | | 280g → 230g | |
| 하○보 | 믹스사워 등 젤리 3종 | 2023.7 | 100g→80g | |

출처: 국회 입법조사처

#### 1. 슈링크플레이션이 발생하는 주된 이유
- 원재료 가격 상승, 인건비 상승 등의 비용 증가

#### 2. 슈링크플레이션의 예
- 과자 봉지는 같은 크기인데 안의 과자 양이 줄어든 경우
- 아이스크림 가격은 그대로인데 용량이 줄어든 경우
- 음료수 가격은 그대로인데 병의 크기가 작아진 경우

### The 똑똑하게 생각하기

정부가 슈링크플레이션 문제에 대응하기 위해 고려하는 방안은 무엇인가요?

① 모든 제품의 가격을 인하하는 것
② 제품의 용량이 줄어든 경우 이를 포장에 명시하도록 의무화하는 것
③ 모든 제품을 무료로 제공하는 것
④ 제품의 크기를 키우는 것

정답: ②

## 049
# 마스크 벗고 돈 좀 써볼까?
# 참아온 시간을 보복하듯 소비하다

　코로나19 이후 사람들의 외출과 여행이 늘면서 물건을 사는 양이 팬데믹 시기보다 훨씬 많아졌어요. 사람들이 평범한 일상을 보내게 되면서 그동안 참았던 **소비심리**가 폭발하게 된 거죠. 이러한 소비를 '보복 소비'라고 해요. 특히 2022년 5월에는 인터넷 쇼핑으로 거래된 돈이 17조 2,859억 원이나 됐대요. 이건 2021년 5월보다 10.5% 더 많은 양이에요. 그중에서도 문화나 **레저** 서비스를 인터넷으로 사는 경우가 165.2%나 늘었어요. 이렇게 많이 늘어난 이유는 사람들이 공연장이나 놀이공원 같은 곳을 더 많이 가게 됐기 때문이에요.

　여행을 가는 사람들도 많아져서 여행이나 교통 서비스를 인터넷으로 사는 돈이 1년 사이에 거의 두 배로 늘었어요. 코로나19가 퍼지기 전인 2019년 5월과 비교해도 105%나 더 많아졌다고 해요. 그동안 못 썼던 돈과 시간을 쓰기 위한 사람들의 보복 소비로 인해 항공권 가격과 숙박업소 비용, 백화점 명품 가격이 오르고 있어요. 이에 정부는 국내 물가가 더 이상 오르지 않도록 여러 대책을 준비 중이라고 합니다.

### 어휘 쏙쏙

- **소비심리**: 사람들이 물건을 사는 행동과 그 결정에 영향을 주는 마음
- **레저**: 일을 하지 않고 휴식하거나 즐길 수 있는 시간

보복 소비가 생겨난 이유는 무엇인가요?

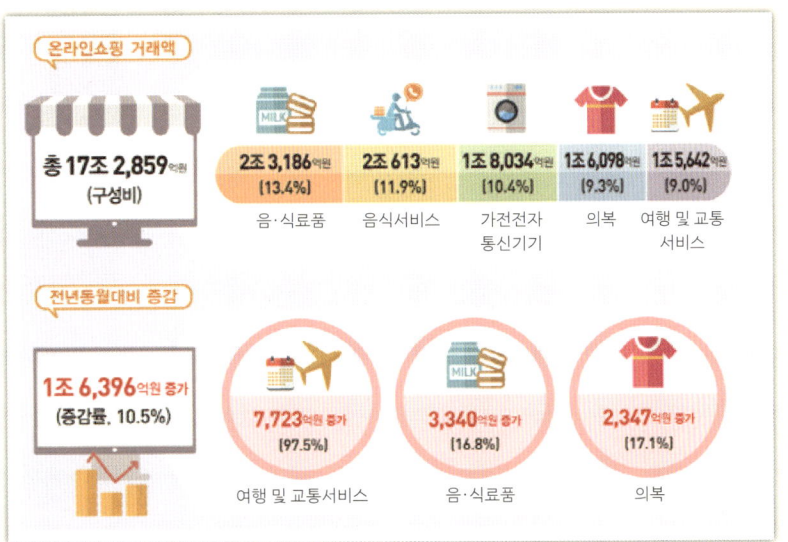

온라인 쇼핑 거래액이 가장 많이 늘어난 품목은 음식, 식료품이었습니다. 서울연구원의 조사에 따르면 서울시민 4명 중 1명은 "보복 소비 경험이 있다"고 말했어요. 보복 소비로 지출을 한 분야는 음식(건강식품, 식음료)이 1위를 차지했어요. 보복 소비를 하는 가장 큰 이유는 우울해진 마음에 대한 보상심리(36.4%)라고 응답했답니다.

보복 소비가 사회에 미치는 좋은 효과는 무엇일까요?

① 경제 활성화
② 사람들의 스트레스 증가
③ 소비자 물가 상승
④ 저축률 감소

정답: ①

PART 3. 이웃

## 050 프랑스 정부가 수영장 100개를 채울 만큼 많은 양의 와인을 버린 이유

프랑스는 '와인의 나라'라고 할 만큼 와인 생산량과 판매량이 많은 나라예요. 하지만 프랑스 와인은 생산량 증가와 소비 감소로 가격이 많이 떨어졌어요. 이 문제를 해결하기 위해 프랑스 정부는 2,800억 원을 들여 올림픽 규격 수영장 100개 이상을 채울 수 있는 양의 와인을 버린다고 해요.

프랑스 정부가 이렇게 와인을 버리기로 한 이유는 뭘까요? 와인 제조업체들이 다시 수입원을 찾을 수 있도록 시장 가격을 **유지**하기 위해서예요. 최근 물가 상승과 기후 변화로 와인 생산 비용이 크게 늘었지만, 소비량은 감소하면서 일부 와인 농가들이 이익을 내기 어려운 상황이 되었거든요. 버리는 와인의 일부는 순수 알코올로 **증류**해 청소 용품이나 향수 등 다른 제품 생산에 활용할 예정이라고도 해요. 하지만 전문가들은 소비 감소와 기후 변화 문제가 더욱 심각해질 것으로 내다보며 보다 장기적인 해결책을 찾아야 한다고 말하고 있어요.

- **유지**: 어떤 상태가 변하지 않고 보존됨
- **증류**: 액체를 끓여 생긴 기체를 식혀 다시 액체로 만드는 것

 **The 똑똑하게 신문 읽기**

프랑스 정부는 왜 와인을 버리는 걸까요?

---

 **쏙쏙 경제 데이터 분석**

### 보이지 않는 손

애덤 스미스(Adam Smith)는 《국부론》이라는 책에서 "우리가 빵을 먹을 수 있는 것은 빵집 주인의 자비심 때문이 아니라 돈을 벌고 싶은 빵집 주인의 이기심 때문"이라고 말했어요.
생산자와 소비자 모두 만족스럽게 상품을 사고 팔 수 있는 가격은 얼마일까요? 또 그 가격은 누가 정해야 할까요? 애덤 스미스는 이 가격이 시장의 '보이지 않는 손'에 의해 결정되어야 한다고 했어요. 국가가 나서지 않아도 시장은 잘 돌아가며 가격도 시장에서 적당히 책정된다는 것이죠.

---

 **The 똑똑하게 생각하기**

여러분이 좋아하는 장난감의 인기가 높아 가격이 오르고 있어요. 누군가 나서서 가격을 정해줘야 할까요? 애덤 스미스가 말한 '보이지 않는 손'에 의해 가격이 결정되도록 두어야 할까요?

**'보이지 않는 손'을 찬성한다.**
이유는

**'보이지 않는 손'을 반대한다.**
이유는

PART 3. 이웃

## 051
## 환경을 보호하면 나랏빚을 깎아준다!?
## 환경과 부채의 맞교환

환경 보호는 전 세계의 가장 큰 관심사 중 하나예요. 하지만 가난한 나라는 환경 보호보다는 나라를 발전시키는 게 더 급하죠. 이에 '환경 **스와프**'를 통해 환경과 개발 두 마리 토끼를 잡는 방법을 생각해 냈어요.

환경 스와프는 **개발도상국**이 외국에 진 빚을 선진국의 금융기관, 환경단체 등이 대신 갚아주는 대신 해당 나라가 환경 보호에 투자하는 방식이에요. 예를 들어, 에콰도르 정부가 갈라파고스 섬의 환경을 보호하기 위해 노력한다면 다른 나라나 단체가 에콰도르의 빚을 대신 갚아주는 거예요. 그 대신 에콰도르 정부는 그 돈을 갈라파고스 섬의 환경 보호에 사용하게 되는 거죠.

이렇게 환경 스와프는 개발도상국의 빚을 줄이면서도 환경 보호에 도움을 줄 수 있는 좋은 방법이에요. 1987년 미국의 한 환경단체가 볼리비아 정부와 처음으로 환경 스와프를 했다고 해요. 이렇게 환경 스와프는 환경 보호를 위해 중요한 역할을 하고 있어요.

- **스와프**: 맞바꾸다. 교환하다.
- **개발도상국**: 경제 개발이 선진국에 비해 뒤떨어진 나라, 개발을 위해 노력하고 있는 나라

 **The 똑똑하게 신문 읽기**

환경 스와프란 무엇인가요?

---

 **쏙쏙 경제 데이터 분석**

### 녹색채권 vs 그린워싱

**녹색채권이란?**
채권: 기업이나 기관이 사업을 하기 위해 돈을 빌리고 언제까지 갚겠다고 약속한 증서를 채권이라 해요.
녹색채권: 기후변화 대응이나 친환경 사업에 사용할 자금을 마련하기 위해 발행한 채권을 말해요.

**그린워싱이란?**
그린워싱은 기업이 구체적인 친환경 사업을 하고 있지 않지만, 친환경 사업을 하고 있는 것처럼 홍보하면서 소비자를 속이는 것을 말해요. 가짜 친환경이라고 생각하면 돼요.

 **The 똑똑하게 생각하기**

**녹색채권은 무엇을 위해 발행되는 특별한 채권일까요?**
① 환경 보호 프로젝트
② 주택 건설 프로젝트
③ 도로 건설 프로젝트
④ 문화 예술 프로젝트

정답: ①

## 052
## 우리 것이 힙하네!
## 지역 특색으로 일으키는 경제 효과

'로코노미(Loconomy)'는 지역(Local)과 경제(Economy)의 합성어로, 지역의 특색을 담은 제품과 서비스를 소비하는 새로운 유행을 말해요. 예를 들어 맥도날드의 '진도 대파 크림 크로켓버거'와 파이브가이즈의 '평창 햇감자 튀김'같이 지역의 특색을 담은 제품이 인기를 끌고 있어요. 소비자들은 지역 특색이 담긴 **한정판** 제품을 선호해요.

출처: 맥도날드

이에 대형 유통 업체들은 지역 특산물을 활용한 제품을 잇달아 출시하고 있답니다. 편의점 업체들도 자체 브랜드 제품에 지역 특색을 담아내며 로코노미 **트렌드**에 **동참**하고 있어요. '한국의 맛(Taste of Korea)' 프로젝트를 통해 꾸준히 지역 특색을 입힌 상품을 판매하는 맥도날드는 매년 여름 '한국의 맛' 버거 메뉴를 한정 상품으로 팔고 있어요. 파리바게뜨는 제주 특산물인 우도 땅콩을 사용해 만든 '마음샌드'를 제주도 일부 매장에서만 판매하는데도 누적 판매량이 1,000만 개를 넘어설 정도로 인기를 끌고 있어요.

이처럼 로코노미 트렌드가 인기를 끄는 이유는 소비자들이 지역 특색이 담긴 제품을 이색적이고 특별한 경험으로 여기기 때문이에요. 로코노미는 지역 경제 발전에도 도움이 된다는 점에서 소비자들의 관심이 높아지고 있답니다.

- **한정판**: 한정된 수량만 생산하고 더는 만들지 않는 물건이나 상품
- **트렌드**: 경향이나 유행
- **동참**: 함께 참여함

 **The 똑똑하게 신문 읽기**

로코노미 현상이 인기를 끄는 이유는 무엇인가요?

---

 **쏙쏙 경제 데이터 분석**

### 로코노미

로코노미는 지역의 특색을 담은 제품을 생산하고 소비하는 문화현상을 말해요. 지역이 가진 특수한 가치를 인정하는 것이죠. 로코노미는 소비자에게 지역의 신선한 재료를 제공하고 지역 경제를 활성화시킨다는 장점이 있어요.

출처: 맥도날드

---

 **The 똑똑하게 생각하기**

여러분은 어느 지역에 살고 있나요? 여러분 지역과 연결 지을 특산물이 있나요?
지역 + 물건, 지역 + 경제의 아이디어를 떠올려 보세요.

**지역**
예) 진도

**상품**
예) 대파버거

## 톡톡 튀는 체험형 매장, 공간 자체가 마케팅이 되는 마법

요즘 많은 기업들이 소비자들에게 단순히 제품을 팔기보다는 특별한 경험을 제공하는 공간을 만들고 있는데, 이를 '공간 마케팅'이라고 해요.

예를 들어, A 치킨집은 서울 홍대에 'A 플레이타운'이라는 공간을 열었어요. 여기서는 치킨을 먹지 않아도 보드게임, 마술 쇼 등 다양한 즐길 거리를 경험할 수 있어요. 치킨집이 단순한 식당이 아닌 새로운 '문화 공간'으로 변신한 것이에요.

이렇게 기업들은 소비자들, 특히 MZ세대의 특성을 잘 파악해 새로운 판매 공간을 만들고 있어요. MZ세대는 소비를 '놀이'로 여기는 **경향**이 있거든요. 그래서 기업들은 이색적인 체험 공간을 무료로 제공하면서 브랜드 이미지를 높이고자 하는 거예요.

대기업에서 운영하는 식당은 입구에서부터 전시회장을 **방불케하는** 공간 디자인으로 고객을 끌어들이고 있어요. 식당을 단순히 음식만 파는 곳이 아닌 머물고 싶은 장소, 아름다운 공간으로 만들어 고객에게 다양한 경험을 제공하겠다는 **취지**예요.

이처럼 공간 마케팅은 단순히 제품을 팔기보다는 소비자들에게 특별한 경험을 제공하는 새로운 마케팅 방법이랍니다.

- **MZ세대**: 1980~2000년대 초에 출생한 세대로 유행에 민감하고 감각적인 요즘 청년 세대를 말함
- **경향**: 어떤 대상을 따르려고 하는 것
- **방불케하다**: 무엇과 같다고 느껴지게 하다.
- **취지**: 목적이나 의도

 **The 똑똑하게 신문 읽기**

공간 마케팅이란 무엇인가요?

---

 **쏙쏙 경제 데이터 분석**

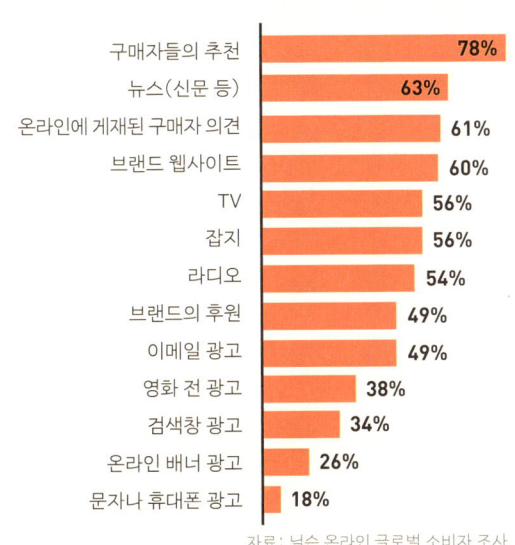

어떤 형식의 광고가 가장 신뢰를 받나(복수응답)

- 구매자들의 추천 78%
- 뉴스(신문 등) 63%
- 온라인에 게재된 구매자 의견 61%
- 브랜드 웹사이트 60%
- TV 56%
- 잡지 56%
- 라디오 54%
- 브랜드의 후원 49%
- 이메일 광고 49%
- 영화 전 광고 38%
- 검색창 광고 34%
- 온라인 배너 광고 26%
- 문자나 휴대폰 광고 18%

자료: 닐슨 온라인 글로벌 소비자 조사

'바이럴 마케팅(Viral Marketing)'은 매체와 사람들의 입소문을 타고 널리 퍼져나가도록 하는 마케팅 기법이에요. 그래서 '입소문 마케팅'이라고도 하지요. 물건을 구입할 때 다른 사람의 추천에 의해 구입하는 경우가 많아 회사는 입소문 마케팅을 통해 상품을 판매하려고 노력해요. 요즘엔 직접 아는 사람의 추천보다는 상품 아래 달린 구매평과 리뷰를 보고 물건을 구입하는 경우가 많지요.

---

 **The 똑똑하게 생각하기**

나만의 브랜드 공간을 만들어 보세요. 여러분이 좋아하는 물건에 이름을 짓고, 그림을 그려 보세요. 그 물건에 어울리는 공간은 어떻게 설계하면 좋을지 그림이나 글로 표현해 보세요.

**브랜드 이름**

**브랜드 이미지(그림)**

## 돈 돈 돈의 역사

054

사물의 가치를 나타내고 재산을 늘리기 위해 투자에도 쓰이는 돈은 언제, 어떻게 생겨난 것일까요? **자급자족**을 하던 시기에는 필요한 물건을 스스로 구해 사용했고, 교환할 정도로 많은 물건을 가지지는 못했어요. 그래서 옛날에는 돈이라는 개념이 없었지요. 시간이 지나 사람들은 조개껍데기, 소, 농기구 등 물건을 직접 교환하며 필요한 것을 구했어요. 이를 물건과 물건을 바꾼다는 의미로 '물물교환'이라고 해요. 하지만 물물교환은 한계가 있었어요. 각자가 가진 물건의 가치가 다르고 운송이나 보관이 어려웠죠. 그래서 금, 은, 동 등의 금속을 돈으로 사용하기 시작했어요. 이를 '금속화폐'라고 해요. 금속화폐 다음으로는 금속에 돈의 **액수**를 찍어낸 '주조화폐'가 등장했어요. 이후 가볍고 다루기 쉬운 '지폐'가 나왔고, 큰돈을 거래하기 위해 **어음**과 수표를 사용했어요. 신용카드처럼 실물 돈이 아닌 다양한 형태의 '전자화폐'도 등장했답니다. 이를 통해 사람들은 편리한 경제 활동을 할 수 있게 되었어요.

### 어휘 쏙쏙

- **자급자족**: 자기가 필요한 것을 스스로 생산하여 쓰는 것
- **액수**: 돈의 수
- **어음**: 일정한 시기에 일정한 장소에서 일정한 금액을 지불하겠다고 약속한 보증서

 **The 똑똑하게 신문 읽기**

물물교환의 한계는 무엇일까요?

_____

 **쓱쓱 경제 데이터 분석**

화폐의 발전 과정

물물교환 시대 ▸ 물품교환 시대 ▸ 금속화폐 시대 ▸ 주조화폐 시대 ▸ 지폐 시대 ▸ 전자화폐 시대

**The 똑똑하게 생각하기**

여러분이 돈을 만들 수 있다면 어떤 돈을 만들고 싶나요? 새로운 화폐를 만들어 보고, 만든 이유를 이야기해 보세요.

| 화폐 이름이나 종류 | 만든 이유 |
|---|---|
|  |  |

## 055 부모 속 태우는 등골 브레이커를 아시나요?

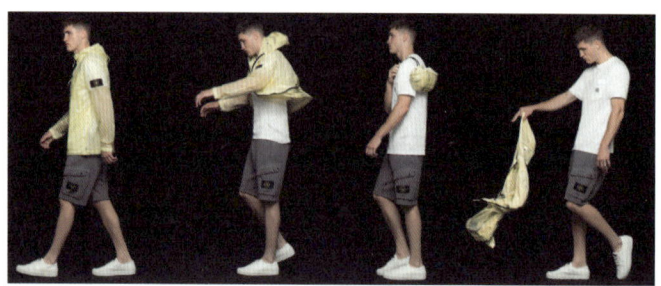

자료: 스톤아일랜드

'등골 브레이커'는 부모의 **등골**이 휠 정도로 부담이 가는 비싼 상품 또는 그 상품을 사 달라고 조르는 자녀를 일컫는 말이에요. 한동안 스포츠 브랜드의 롱패딩이 등골 브레이커로 **위세**를 떨쳤는데 이제는 그 가격을 넘어선 **명품**들이 부모님의 속을 태우고 있어요.

중학교 2학년 아들을 둔 A 씨는 요즘 고민에 빠졌어요. 겨울철 30만 원이 넘는 비싼 패딩을 사 준 데 이어 최근 그 패딩 가격과 맞먹는 티셔츠와 바지를 사달라고 조르는 아들 때문인데요, A 씨는 "아들이 공부를 잘하는데 비싼 옷만 원한다"며 "그 무섭다는 '중2병'에 걸린 것처럼 엄마에게 화내는 것은 아니니까, 등골이 휘어져도 사 줘야 하나 고민이 된다"고 말했어요. A 씨의 아들이 원하는 이탈리아 수입 브랜드의 반바지 가격과 티셔츠 한 장 가격은 20만 원이 넘는다고 해요. 단순한 디자인에 로고가 크게 드러나 있지 않지만 요즘 중고등학생들 사이에서 '연예인 패션'으로 인기를 끄는 제품이라네요. 심지어 100만 원이 넘는 카디건도 10대들 사이에서는 유행하고 있다고 해요. 이런 비싼 명품 패션의 유행은 롱패딩에 이은 새로운 등골 브레이커가 되고 있답니다.

 **어휘 쏙쏙**

- **등골**: 사람의 신경중추와 연결되어 있는 등뼈. "등골이 빠진다"는 말은 견디기 힘들 만큼 힘이 든다는 뜻
- **위세**: 위엄이 있고 맹렬한 기세
- **명품**: 뛰어난 물건이나 작품. 사치품, 비싼 물건이라는 의미로도 쓰임

등골 브레이커란 무엇인가요?

### 미닝아웃

자신의 신념, 의미를 뜻하는 mean과 드러내다는 뜻의 coming out이 만나 만들어진 신조어인데요, 유행을 따라 물건을 구매하는 것이 아니라 자신의 신념과 가치관을 표현할 수 있는 상품을 구매하고 SNS에 공유하는 것을 말해요.

예를 들면, 유기견 안락사를 반대하는 내용을 담은 티셔츠를 구매하고, 환경 보호를 위해 폐금속으로 만든 팔찌를 찬 모습을 자신의 SNS에 공유하면서 자신의 신념을 보여주는 행동 등이 있지요.

등골 브레이커 상품이 점점 더 비싸지는 이유는 무엇일까요?

청소년들이 등골 브레이커 상품에 집착하는 이유는 무엇이며, 이것이 청소년들의 정서적 성장에 어떤 영향을 미칠까요?

## 056 돈으로 시간을 살 수 있나요?

최근 놀이공원에서 패스트 트랙, 즉 빠른 입장을 위한 특별 티켓이 많은 관심을 받고 있어요. 이 티켓은 기다리지 않고 바로 놀이 기구나 관람지에 들어갈 수 있게 해주는 상품인데요, 이에 대해 사람들 사이에서 의견이 엇갈리고 있어요. 어떤 사람들은 추가 비용을 지불하고 더 좋은 서비스를 받는 것이 당연하다고 생각해요. 이런 관점에서 보면 시간도 중요한 **자원**이기 때문에 돈을 더 내고 시간을 절약하는 것은 나쁘지 않다고 해요. 또한, 놀이공원 같은 곳에서는 이런 서비스가 소비자들에게 더 많은 선택권을 제공하고, 놀이공원의 수익을 늘리는 방법 중 하나라고 볼 수 있어요.

하지만 반대로, 패스트 트랙이 **물질만능주의**를 조장하고 사회적 **공정성**을 해친다는 의견도 있어요. 추가 비용을 낼 수 있는 사람만이 더 좋은 혜택을 받게 되면서, 경제적 불평등이 더 심해질 수 있다는 거예요. 특히 어린이들이 많이 찾는 놀이공원에서 이런 서비스를 제공하는 것은 줄을 서서 기다리는 것과 같은 공정한 기회에 대한 가치를 망가트릴 수 있어요. 이로 인해 어린이들 사이에서 상대적 박탈감이나 부모님들 사이에서 죄책감이 생길 수도 있어요.

결국, 패스트 트랙과 같은 서비스는 개인의 선택에 달려 있고 강제성은 없지만, 이로 인해 발생할 수 있는 사회적 문제들에 대해서는 더 깊이 생각해 볼 필요가 있어요.

### 어휘 쏙쏙

- **자원**: 인간의 생활, 경제 활동에 이용되는 물건이나 서비스
- **물질만능주의**: 돈이나 물질이 최고라는 생각
- **공정성**: 공평하고 올바른 성질

패스트 트랙에 대해 찬성하는 사람들의 이유는 무엇인가요?

___

### 희소성

세상의 모든 자원은 한정되어 있어요. 석유, 물, 식량, 보석 모두 한정적이죠. 그러나 인간의 욕구는 끝이 없어요. '희소성'은 인간의 끝없는 욕구를 만족시켜 줄 만큼 자원이 충분하지 않은 것을 의미해요. 다이아몬드와 돌을 생각해 보세요. 어떤 것이 더 희소성이 있나요? 바로 다이아몬드 반지지요. 경제학은 이렇게 희소한 자원을 어떻게 효과적으로 나누어야 할까를 연구하는 학문이에요.

돈으로 시간을 사는 패스트 트랙에 대해 어떻게 생각하나요?

**패스트 트랙에 찬성한다.**
이유는

**패스트 트랙에 반대한다.**
이유는

## 충동구매 멈춰! 통장이 텅장이 안 되려면

우리가 물건을 살 때 때로는 정말 좋아하는 물건을 사서 기분이 좋아지지만, 때로는 후회하기도 하죠. 경제학자들은 우리의 소비 목표가 '**효용**'을 최대로 높이는 것이라고 말해요.

다민이는 부모님께 용돈 만 원을 받았어요. 다민이는 받은 만 원으로 스티커 5개(개당 2,000원)나 과자 4개(개당 1,000원)와 음료수 3개(개당 2,000원), 또는 책 1권(9,000원)을 살 수 있어요. 다민이가 합리적인 소비자라면 이 중에서 가장 만족감이 큰 상품을 고를 거예요.

합리적인 소비를 하려면 어떻게 해야 할까요? 내가 가진 돈의 범위를 정하고, 그 안에서 살 물건을 계획해야 해요. 정말 필요한 물건인지, 가격과 품질은 적절한지, 내 가치관에 맞는지 꼼꼼히 살펴봐야 하고요. 충동적으로 사지 말고, 계획을 세워서 구매해야 하지요.

반면 비합리적인 소비의 예로는 충동구매, **강박** 구매, 밴드왜건 효과, 스놉 효과가 있어요. 충동구매는 계획 없이 갑자기 사는 것이고, 강박 구매는 스트레스를 풀기 위해 계속 사는 것이에요. 밴드왜건 효과는 다른 사람들이 사니까 나도 사는 것이고, 스놉 효과는 사람들이 많이 사면 사지 않고 다른 사람들이 사기 어려운 비싼 물건을 사는 것이에요.

여러분, 이제 자신의 소비 생활을 돌아보고 합리적인 소비를 실천해 보는 건 어떨까요? 계획을 세우고 꼭 필요한 물건만 사는 습관을 들이면 돈을 더 효과적으로 사용할 수 있을 거예요. 앞으로도 현명한 소비자가 되도록 노력해 봐요.

### 어휘 쏙쏙

- **효용**: 물건이나 서비스를 사용하면서 느끼는 만족감
- **강박**: 어떤 생각이나 감정에 사로잡혀 심리적으로 심하게 압박을 느낌

 **The 똑똑하게 신문 읽기**

비합리적인 소비는 어떤 것을 말하나요?

---

 **쏙쏙 경제 데이터 분석**

### 스놉 효과(Snob Effect)

스놉은 잘난 척하는 속물을 뜻해요. 스놉 효과는 희소했던 상품이 유행하면서 소비하는 이들이 늘고 희소성이 떨어지면 더 이상 소비하지 않게 되는 현상이에요. '까마귀 노는 곳에 백로가 가지 않는 것'처럼 자신을 다른 사람과 차별화하고 특별한 가치를 부여하는 소비 형태랍니다. 대중적인 상품이 아닌 한정판, 고가의 명품만 소비하는 경우가 이에 해당돼요.

 **The 똑똑하게 생각하기**

유행과 같이 다른 소비자들이 특정 상품을 구매하는 횟수가 늘어날 때 개인의 선호도 함께 커지는 경제 현상, 즉 유행에 따라 소비하는 현상은 무엇인가요?

① 스놉 효과
② 톱니 효과
③ 밴드왜건 효과
④ 디드로 효과

정답: ③

## 058 손흥민 선수는 어느 나라에 세금을 낼까요?

"소득이 있는 곳에 세금이 있다."

이는 세금에 관한 유명한 말 중 하나예요. 소득이 발생했다면 그에 대한 세금은 반드시 내야 하거든요.

전 세계에서 활동하며 돈을 버는 운동선수들은 어느 나라에 세금을 내야 할까요?

김매일 씨와 이경제 씨는 축구 선수예요. 이 두 사람은 영국에서 활동하는 우리나라 선수로 영국의 구단에서 **고액**의 연봉을 받아요. 김매일 씨는 1년 중 대부분을 영국에서 생활하며 훈련을 받고 경기에 참가해요. 이경제 씨는 올해 처음 영국에 가게 되어 한국에서 더 오랜 시간 생활하다가 **거주지**를 영국으로 점차 옮길 예정이에요.

이 두 사람은 세금을 어디에 내야 할까요? 우선 두 사람 모두 소득이 발생한 국가, 즉 영국에 세금을 **납부**해야 해요. 해외 프로팀 선수로 활약하면서 받는 소득에 대해서는 그 소속 구단의 국가에 소득세를 납부하죠.

그렇다면 두 사람은 한국에 세금을 납부하지 않아도 될까요? 이는 한국에서 사느냐 안 사느냐에 따라 달라져요. 우리나라 소득세법에서는 한국에 거주한다고 판단되는 거주자라면 국내와 국외에서 발생한 소득을 모두 합해 국내에 신고하고 납부하게 되어 있거든요.

- **고액**: 많은 금액
- **거주지**: 살고 있는 곳
- **납부**: 돈을 내는 것

### The 똑똑하게 신문 읽기

해외에서 활동하는 한국 선수들이 한국에 세금을 납부하는 것은 무엇에 따라 결정되나요?

___

### 쏙쏙 경제 데이터 분석

#### 이중과세

이경제 씨는 한국에서 오랜 시간 생활하며 영국에서 축구를 하는 축구 선수로 한국 거주자예요. 영국에서 받은 소득을 한국에 신고하고 국내 세법에 따라 소득세를 내야 하죠. 이 경우 이경제 씨는 구단에서 연봉을 받을 때 영국에 세금을 납부했는데도 국내 세법상 한국에 또 세금을 납부해야 하는 일이 생겨요. 하나의 소득에 대해 영국과 한국, 두 국가에서 세금을 내야 하죠. 이처럼 하나의 소득에 중복으로 둘 이상의 세금을 내는 것을 '이중과세'라고 해요.

### The 똑똑하게 생각하기

**맞으면 O, 틀리면 X로 답해 보세요.**

한국에 거주하더라도 외국에서 돈을 벌었다면 한국에 세금을 내지 않아도 된다. (     )

우리나라 거주자가 해외에서 벌어들인 소득을 해당 국가와 우리나라 두 곳에 중복해 세금을 납부하는 것을 이중과세라 한다. (     )

정답: X, O

## 059
## "신고 안 했잖아~" 독일 공항에서 붙잡힌 터미네이터

'터미네이터'로 유명한 할리우드 배우 아놀드 슈워제네거가 명품 시계 때문에 독일 **세관**에 붙잡혔다 풀려났어요. 뮌헨 공항 세관은 미국에서 입국한 슈워제네거가 비싼 명품 시계를 신고하지 않은 사실을 확인하고 그 이유를 조사한 뒤 3시간 만에 풀어줬다고 밝혔어요.

해당 공항 세관의 한 관계자는 슈워제네거가 시계를 유럽연합(EU) 내에서 판매할 계획이었기 때문에 세금을 내야 한다며, 신고하지 않고 입국한 것은 법적으로 문제가 된다고 설명했어요. 문제가 된 명품 시계는 스위스 회사가 슈워제네거를 위해 특별 제작한 것이었어요. 이 시계는 오스트리아에서 열리는 기후**기금** 마련 **만찬**에서 경매에 나올 예정이었거든요.

슈워제네거는 미국 캘리포니아 주지사 시절에 미국 최초의 온실가스 배출 **규제** 법안을 도입했으며 최근에는 기후 운동가로 활동하고 있어요. 기후기금 마련이라는 좋은 의도로 시계를 가지고 입국한 것이지만 판매가 목적이었기 때문에 국제 무역에서 사고파는 상품에 부과되는 세금인 '관세'를 내야 한답니다.

 어휘 쏙쏙

- **세관**: 공항이나 항구 등에서 나라 안팎으로 오고 가는 물건을 검사, 단속하여 세금을 물리는 국가 기관
- **기금**: 어떤 사업이나 계획을 위하여 적립하여 두는 돈
- **만찬**: 성대한 식사
- **규제**: 법이나 규정으로 제한하거나 금지하는 것

 **The 똑똑하게 신문 읽기**

아놀드 슈워제네거는 왜 독일 세관에 붙잡혔나요?

---

 **쏙쏙 경제 데이터 분석**

관세

관세란 다른 나라에서 수입되는 제품에 대해 정부가 부과하는 세금이에요. 관세는 왜 매기는 걸까요?

**1. 우리나라 기업을 보호하기 위해:** 다른 나라 물건이 지나치게 저렴하다면 우리나라 물건이 가격 경쟁에서 밀릴 수 있어요. 이에 수입품에 관세를 매겨 가격을 올리고, 우리나라 물건들이 경쟁할 수 있도록 합니다.

**2. 정부 재정을 늘리기 위해:** 정부는 벌어들인 관세를 정부 운영과 국민들을 위한 곳에 쓸 수 있어요. 예를 들어 도로를 만들거나 학교를 지을 때 이 돈을 사용할 수 있답니다.

**The 똑똑하게 생각하기**

아놀드 슈워제네거의 시계처럼 좋은 곳에 사용되는 물건에 대해서 관세를 내게 하는 것에 대해 어떻게 생각하나요?

**관세를 내는 것에 찬성한다.**
이유는

**관세를 내는 것에 반대한다.**
이유는

## 층간소음은 어떻게 해결해야 할까요?

층간소음은 점점 더 심각한 사회 문제가 되고 있어요. 한 조사에서 아파트에 사는 사람들 중 80%가 위층 이웃의 소음 때문에 스트레스를 받고 있다고 답했어요.

층간소음 문제가 심각해지면 이웃 간 갈등도 생기기 마련이에요. 심지어 층간소음 때문에 살인이나 **방화** 사건까지 일어나고 있어 매우 걱정스러운 상황이지요.

정부는 이 문제를 해결하기 위해 다양한 방안을 내놓았어요. 2004년부터 아파트 바닥 두께 기준을 강화했고, 바닥충격음 기준도 만들었어요. 또 주거 생활 소음 기준을 만들고, 층간소음 관리 규칙을 만들어 공동주택 입주민들이 지켜야 할 **에티켓**도 만들었어요.

하지만 이런 대책들은 **법적 구속력**이 없어 **실효성**이 떨어진다는 문제가 있어요. 전문가들은 아파트를 분양할 때 소음 차단 성능을 공개하는 주택성능등급표시제를 확대하고, 층간소음 차단공사를 한 아파트에 세금을 줄이는 혜택을 주는 제도가 필요하다고 말해요.

이웃 간 갈등을 일으키는 층간소음에 대해 정부와 전문가들이 힘을 모아 근본적인 해결책을 찾아야 할 것 같아요.

- **방화**: 의도적으로 불을 지르는 것
- **에티켓**: 예절이나 예의
- **법적 구속력**: 법적으로 어떤 행동을 못 하게 하는 것
- **실효성**: 실제로 효과를 나타내는 성질

 **The 똑똑하게 신문 읽기**

정부는 층간소음 문제를 해결하기 위해 어떤 노력을 하고 있나요?

---

 **쏙쏙 경제 데이터 분석**

### 층간소음 VS 아파트 분양가

정부는 층간소음 기준을 맞추지 못한 아파트는 준공 승인(건축물 사용이 가능하다는 허락)을 내주지 않기로 했어요. 이에 건설업계는 그렇게 되면 공사비가 올라서 아파트 분양가가 높아질 수 있다고 경고했어요. 하지만 국민 2명 중 1명은 돈이 더 들더라도 층간소음 없는 아파트에서 살고 싶다고 답했답니다. 이는 삶의 질이 경제적 문제보다 더 중요하다고 생각하기 때문이에요.

 **The 똑똑하게 생각하기**

만약 여러분이 층간소음 문제로 고통을 겪고 있다면 이 문제를 어떻게 해결하면 좋을까요? 각각의 입장에서 생각해 보세요.

| 아랫집 | 윗집 |
|---|---|
|  |  |

# PART 4

# 나라

## 061 이대로면 생산인구 35년 후 반토막…
## 일손·군대·학교도 소멸 위기

여러분, '인구절벽'이라는 말을 들어본 적 있나요? 인구절벽이란 우리나라에서 일할 수 있는 사람들의 수가 급격히 줄어드는 현상을 말해요. 인구절벽은 특히 15세에서 64세 사이의 사람들, 즉 **생산연령인구**가 전체 인구에서 차지하는 비율이 급격히 줄어들 때 발생해요. 인구절벽 현상은 우리나라뿐만 아니라 전 세계적으로 일어나고 있는 중요한 문제예요. 인구절벽이라는 용어를 처음 사용한 미국의 경제학자 해리 덴트는 그가 쓴 책에서 인구절벽이 경제에 큰 위기를 가져올 수 있다고 경고했지요.

통계를 보면 우리나라는 2058년이 되면 생산연령인구가 절반도 되지 않을 것이라고 해요. 생산연령인구와 **정규교육**을 받는 학생이 줄면서 **잠재성장률**이 빠르게 하락할 것이고 노인 부양 부담은 커질 것으로 관측돼요. 이대로라면 현재 다섯 사람이 노인 한 명을 부담하던 것이 50년 뒤에는 1인당 노인 한 명을 부담하게 될 거예요. 이런 인구절벽 현상은 우리나라의 미래에 큰 영향을 줄 수 있어요. 우리나라 경제가 성장하기 어려워질 수 있거든요. 이 현상을 이해하고 대응하는 것은 우리 모두의 미래를 위해 매우 중요해요.

### 어휘 쏙쏙

- **생산연령인구**: 생산 활동을 할 수 있는 연령층
- **정규교육**: 정식으로 규정된 학제와 교육 강령에 따라 진행하는 교육
- **잠재성장률**: 한 나라의 자본과 노동력을 최대한 활용하였을 경우에 달성할 수 있는 국민 총생산 성장률

 **The 똑똑하게 신문 읽기**

미국의 경제학자 해리 덴트는 어떤 경고를 했나요?

___

생산연령인구가 줄어들면 어떤 문제가 생기나요?

___

**쏙쏙 경제 데이터 분석**

### 세계 인구의 날
#### 국가(지역)별 인구 순위
(단위: 백만 명, %)

| 순위 | 1960년 국가(지역) | 인구 | 비율 | 2015년 국가(지역) | 인구 | 비율 | 2060년(추정) 국가(지역) | 인구 | 비율 |
|---|---|---|---|---|---|---|---|---|---|
| 1위 | 중국 | 651 | 21.5 | 중국 | 1,402 | 19.1 | 인도 | 1,644 | 16.5 |
| 2위 | 인도 | 450 | 14.9 | 인도 | 1,282 | 17.5 | 중국 | 1,313 | 13.2 |
| 3위 | 미국 | 186 | 6.2 | 미국 | 325 | 4.4 | 나이지리아 | 538 | 5.4 |
| 4위 | 러시아 | 120 | 4.0 | 인도네시아 | 256 | 3.5 | 미국 | 418 | 4.2 |
| 5위 | 일본 | 93 | 3.1 | 브라질 | 204 | 2.8 | 인도네시아 | 326 | 3.3 |
| 6위 | 인도네시아 | 89 | 2.9 | 파키스탄 | 188 | 2.6 | 파키스탄 | 280 | 2.8 |
| 7위 | 독일 | 73 | 2.4 | 나이지리아 | 184 | 2.5 | 브라질 | 228 | 2.3 |
| 8위 | 브라질 | 73 | 2.4 | 방글라데시 | 160 | 2.2 | 에티오피아 | 208 | 2.1 |
| 9위 | 영국 | 53 | 1.7 | 러시아 | 142 | 1.9 | 방글라데시 | 204 | 2.0 |
| 10위 | 방글라데시 | 50 | 1.6 | 일본 | 127 | 1.7 | 콩고민주공화국 | 182 | 1.8 |
| 24위 | 한국 | 25 | 0.8 | 한국(27위) | 51 | 0.7 | 한국(49위) | 44 | 0.4 |
| 35위 | 북한 | 11 | 0.4 | 북한(50위) | 25 | 0.3 | 북한(70위) | 27 | 0.3 |

1987년 7월 11일 지구상의 인구가 50억이 넘은 것을 기념하는 '50억의 날'을 따라 날짜가 정해졌어요. 인구 문제에 대해 많은 사람이 이해하고 관심을 갖도록 하기 위해서 지정했다고 해요(세계 각국은 5년 또는 10년마다 인구조사를 실시합니다).
2060년경에는 전 세계 인구가 99억 명으로 늘어나지만 한국 인구 수는 줄어들게 되고 고령 인구 비중은 세계 2위가 될 거라고 하네요.

 **The 똑똑하게 생각하기**

세계 인구조사에 대해 올바른 것을 찾아볼까요?
① 우리나라는 인구주택 총조사를 실시하지 않는다.
② 세계 각국은 일정 주기(5년 혹은 10년)마다 인구조사를 실시한다.
③ 인구 조사는 출생에 대해서만 실시한다.
④ 중국은 계속해서도 인구 1위 국가를 유지할 것이다.

정답: ②

## 어른들이 더 좋아하는 장난감, 키덜트 시장이 자란다

062

출처: 레고코리아

　어른들을 위한 장난감, 특히 레고는 이제 어린이뿐만 아니라 어른들에게도 인기 있는 취미생활로 자리 잡고 있습니다. '키덜트(Kidult)'라는 말을 들어 보았을까요? 키덜트는 어린이(Kid)와 어른(Adult)의 합성어로, 어른이 되어서도 어린 시절의 취미나 문화를 즐기는 어른들을 의미합니다. 풍요로운 어린 시절을 보낸 MZ세대를 중심으로 과거의 추억을 추종하는 '**네버랜드 신드롬**'이 퍼지면서 동심에 구매력까지 갖춘 성인 소비자가 **큰손**으로 급부상한 것인데요, 2014년 약 5,000억 원 규모였던 국내 키덜트 시장은 2020년 1조 6,000억 원으로 커졌으며, 향후 11조 원으로까지 확대될 것으로 전망했습니다. 이에 따라 레고그룹은 2019년부터 성인 제품 전담팀을 신설했고 조립 권장 연령이 만 18세 이상인 제품군을 확대하고 있습니다. 이번에 출시된 '레고 장미 꽃다발'은 출시하자마자 선풍적인 인기를 끌며 판매되었지요. 이러한 현상은 단순한 취미 생활을 넘어 경제적으로도 중요한 시장을 형성하며 우리 사회에 다양한 문화적 트렌드를 제시하고 있습니다. 어른들을 위한 애착 인형, 미니카 등을 만드는 '손오공' 완구 전문 기업은 향후 키덜트 관련 매출을 전체 완구 매출의 40%까지 끌어올리는 것이 목표라고 할 정도니 키덜트가 큰손 맞지요?

### 어휘 쏙쏙

- **네버랜드 신드롬**: '피터 팬'이 살던 가상의 섬. 네버랜드에서 유래한 말로 어른이 되어서도 어린 시절의 취미나 문화를 즐기려는 욕구를 뜻한다.
- **큰손**: 특별히 잘 모셔야 할 귀한 손님

**키덜트로 인해 어떤 산업이 영향을 받게 되었나요?**

_____

**키덜트 시장은 어떻게 성장하고 있나요?**

_____

### 빠르게 성장하는 국내 키덜트 시장

이은희 인하대 소비자학과 교수님은 키덜트 제품은 나이가 들어도 위로가 필요한 사람들에게 긍정적인 감정을 선사할 수 있다고 언급했어요. 부모 입장에서도 추억이 떠오르고 아이와 함께 같은 관심사를 나눌 수 있다는 점, 결혼 유무와 관계없이 수요가 발생한다는 점에서 키덜트 시장의 성장 잠재력은 약 11조 원 규모에 이르는 것으로 분석됐어요.

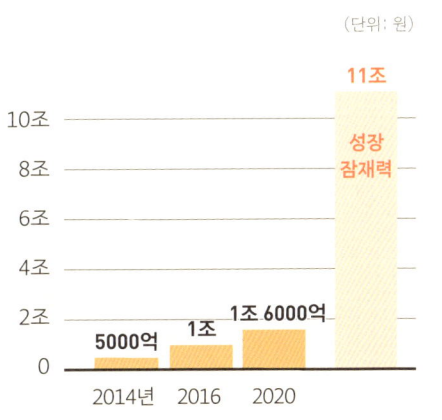

**키덜트 문화의 긍정적인 면이 아닌 것은 무엇인가요?**
① 어린 시절에 받았던 성인들의 스트레스를 모두 해소할 수 있다.
② 어른이 되어서도 어린 시절의 놀이와 취미를 통해 창의력을 발전시킬 수 있다.
③ 같은 취미를 가진 사람들과의 만남으로 사회적 연결이 가능해질 수 있다.
④ 장난감, 게임, 컬렉터 아이템 등의 다양한 상품이 개발되면서 경제에 활력을 불어넣게 된다.

정답: ①

## 063

# 3조 8,800억 원, 폐기된 화폐

출처: 한국은행

2023년 우리나라에서 손상되거나 오래된 **화폐**를 폐기했어요. 이 과정에서 발생한 경제적 손실이 약 3조 8,803억 원이라고 해요. 이렇게 많은 양의 화폐를 **폐기**하면 폐기하는 과정에서도 비용이 발생하고 다시 인쇄하는 데도 많은 비용이 필요하지요. 화폐가 손상되는 이유로는 매일같이 사용되는 자연적인 손상이 있어요. 거스름돈이나 간단한 생필품을 사고파는 데 자주 쓰이기 때문이죠. 실제로 우리가 자주 사용하는 1,000원, 5,000원은 유통 수명이 약 60개월(5년)인데 반해 만 원권은 약 130개월(11년), 5만 원권은 약 174개월(15년)으로 차이가 있어요.

이 폐기된 화폐를 쌓아 올리면 롯데월드 타워의 235배, 에베레스트산의 16배에 해당한다고 하니 엄청난 양인 게 느껴지지요? 화폐는 자연 손상 외에도 불에 타거나 습기 또는 찢김 등 다양한 이유로 폐기되곤 해요. 지폐는 **내구성**이 좋게 만들어졌지만 가끔 주머니에 넣은 채로 빨래를 해서 망가졌다는 이야기도 나오곤 하지요. 만약 지폐가 **훼손**되었다면 그 정도에 따라 은행에서 일부를 돌려받을 수 있어요. 물론 형체를 알아보기 힘든 경우에는 교환받을 수 없지만 말이지요. 여러분이 용돈을 받게 되면 구기지 말고 지갑에 넣어 깨끗이 사용하는 것만으로도 우리의 지폐 수명을 길게 만들어 줄 수 있겠지요?

### 어휘 쏙쏙

- **화폐**: 상품 교환 가치의 척도가 되며 그것의 교환을 매개하는 일반화된 수단. 주화, 지폐, 은행권 등
- **폐기**: 못 쓰게 된 것을 버림
- **내구성**: 물질이 원래의 상태에서 변질되거나 변형됨이 없이 오래 견디는 성질
- **훼손**: 헐거나 깨뜨려 못 쓰게 만듦

 **The 똑똑하게 신문 읽기**

화폐가 폐기되는 이유는 무엇인가요?

___

화폐의 폐기는 경제에 어떤 영향을 끼치나요?

___

 **쏙쏙 경제 데이터 분석**

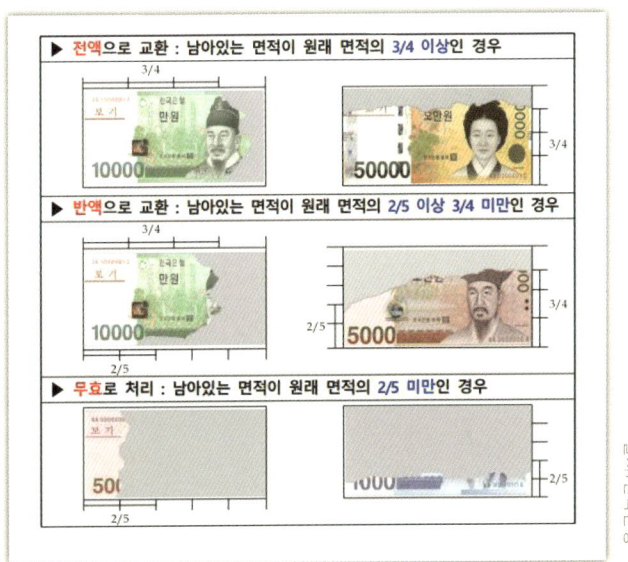

동생이 실수로 지폐를 가위로 잘라버렸습니다. 만 원짜리 지폐가 절반만 남게 되면 동생은 반액 즉, 5천 원을 은행에서 돌려받을 수 있게 됩니다. 그러나 2/5 미만으로 남게 되면 돌려받을 금액 없이 무효로 처리됩니다.

 **The 똑똑하게 생각하기**

화폐의 수명을 늘릴 수 있는 비현금 결제 수단은 무엇인가요? 정답을 모두 찾아보세요.

① 신용카드
② 지갑에 넣은 지폐
③ 온라인 결제
④ 모바일 결제

정답 : ①, ③, ④

## 064
# 한국인 경제 이해력 60점 안 돼

우리나라 **기획재정부**에서 3,000명을 대상으로 조사한 결과 성인의 경제이해력이 100점 만점에 60점에도 미치지 못한 것으로 나타났어요. **금융 문맹**이란 금융에 대한 지식이나 이해가 부족한 상태를 말하는데 이런 상태는 우리의 일상생활, 심지어는 미래의 생활까지도 영향을 미칠 수 있답니다.

전 미국 연방준비제도이사회 의장인 앨런 그린스펀은 "문맹은 생활을 불편하게 하지만 금융 문맹은 생존을 불가능하게 한다"라고 언급하며 금융 이해에 대한 중요성을 강조하였지요. **자본주의** 국가인 우리나라에서 금융에 대한 기본적인 지식이 없다면 어떻게 될까요? 은행 계좌를 관리하고 대출을 받고 저축과 투자를 해야 하는 활동들을 진행할 수 없어 경제적 안정을 얻지 못하게 될 거예요. 또한 불필요한 빚을 지게 되거나 사기에 노출될 수도 있지요. 경제적 위기에서 적절하게 대처하지 못하게 될 거예요.

다행인 점은 우리나라가 지난 몇 년간 꾸준히 경제교육을 실시하여, **경제협력개발기구(OECD)** 조사 결과 우리나라의 금융 이해 점수가 계속 오르고 있다는 거예요. 그러나 여전히 디지털금융 이해력 총점은 현저하게 낮은 상황이에요. 디지털금융 행위와 디지털금융 태도가 낮아 향후 디지털 보안 교육을 강화해야 한다는 시사점을 주었어요.

### 어휘 쏙쏙

- **기획재정부**: 경제 정책 기획과 예산, 세제 등을 총괄 담당하는 중앙 행정 기관
- **금융 문맹**: 금융에 대한 지식이 부족하여 돈을 제대로 관리하거나 활용하지 못하는 상태
- **자본주의**: 생산 수단을 자본으로 소유한 자본가가 이윤 획득을 위하여 생산 활동을 하도록 보장하는 사회 경제 체제
- **경제협력개발기구(OECD)**: 경제 성장, 개발도상국 원조, 통상 확대의 세 가지를 주요 목적으로 하여 1961년에 창설된 국제경제협력기구

금융 문맹이란 무엇인가요?

___

금융에 대한 지식이 없으면 어떻게 될까요?

___

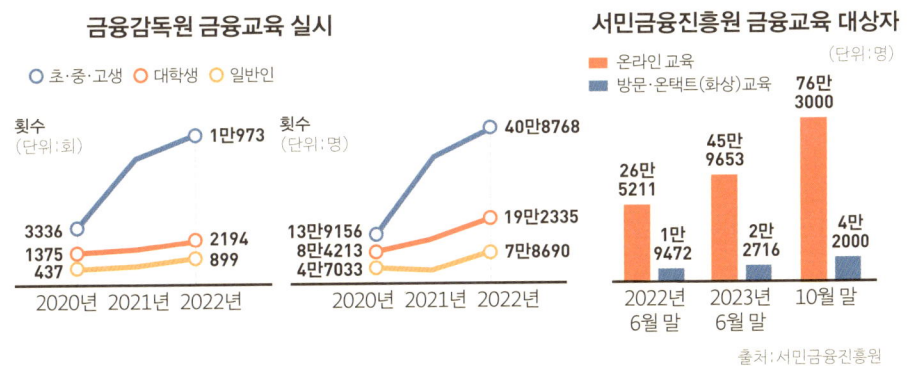

금융감독원에서 실시하는 금융교육이 매년 늘어나고 있어요. 초·중·고 학생들 대상 금융교육과 코로나19 이후 온라인·비대면 교육이 눈에 띄게 많아진 것을 알 수 있습니다. 전국 각지에 있는 학생들이 교육을 받게 되면 우리나라 학생들의 금융 이해력이 향상되리라 믿어요.

다음 중 금융 이해력이 부족하면 생길 수 있는 일은 무엇인가요?

① 불법 투자 광고에 속아 손해를 입을 수 있다.
② 목표와 상황에 맞게 금융 계획을 세울 수 있다.
③ 금융 상품의 특성을 이해하고 합리적으로 활용할 수 있다.
④ 자산을 관리하면서 효율적인 투자를 할 수 있다.

정답: ①

# 065 한국인의 해외여행 사랑, 지난해 카드로 25조 원 긁었다

2023년에 우리나라 사람들이 해외에서 쓴 카드 금액이 25조 원이 넘는다고 해요. 코로나19 때문에 여행을 못 갔던 사람들이 다시 여행을 가게 되면서 해외에서 많은 돈을 쓰게 된 거지요. **집계**된 카드 사용액은 2022년 145억 4,000만 달러였는데 2023년 192억 2,000만 달러로 32.2%나 증가한 규모라고 해요.

이제 한국인들은 해외여행을 단순히 휴식을 취하기 위한 이유만이 아니라 새로운 문화를 체험하고 언어도 배우며 다양한 자기 계발의 기회로 삼고 있어요. 이에 따라 패키지여행보다는 자유여행을 선호하며 자신만의 일정을 짜고 취향에 맞는 여행을 즐기는 사람들이 늘어났지요. 가족과 친구처럼 소규모 그룹으로 여행을 다니면서 더욱더 개인적인 여행하기를 선호하는 것도 트렌드이고요. 해외에서의 카드 사용액에는 직접 해외여행을 가서 쓴 돈뿐만 아니라 온라인으로 해외 **직구**를 한 금액도 포함이 돼요. 온라인 해외 직구액은 지난 2022년 41억 4,000만 달러에서 2023년에 51억 7,000만 달러로 25% 늘었어요. 수입된 물건을 사는 것보다 상대적으로 저렴하거나 수입되지 않는 물건을 구할 수 있어 직구 수요가 늘고 있는 것이죠.

- **집계**: 따로따로 계산된 것들을 한데 모아서 계산함
- **직구**: '직접 구매'의 준말로, 보통 해외 온라인 사이트를 통해 직접 물품을 구매하는 것

**2023년에 해외에서 쓴 카드 금액이 늘어난 가장 큰 이유는 무엇인가요?**

_____

**우리나라 해외여행 트렌드는 어떤가요?**

_____

### 한국 해외 직구 시장 규모

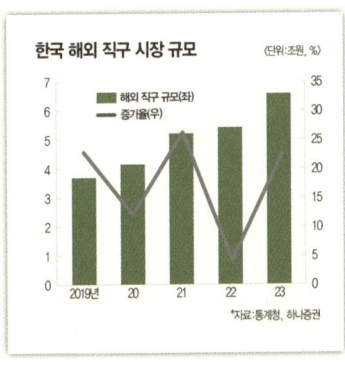
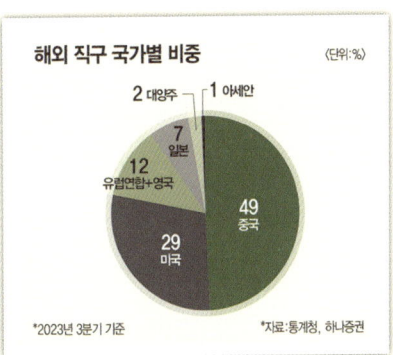

2023년 한국인은 가까운 일본 여행을 가장 많이 다녀온 것으로 조사됐어요. 이는 엔화가 하락하면서 800원대까지 떨어지다 보니 상대적으로 저렴하게 여행을 다녀올 수 있었던 이유가 컸지요. 몇 년간 둔화세를 보이던 해외 직구 거래 규모가 반등세를 보였으며 중국 이커머스 업체들이 본격적으로 국내 영업에 나서게 된 영향이 큽니다.

**해외 직구 시장이 증가하는 이유는 무엇일까요? 괄호 속 알맞은 단어에 동그라미 표시해 보세요.**

해외 온라인 쇼핑몰들이 한국 시장을 ( 공략 / 기피 )하여 진출하고 있다. 이에 해외 직구가 상대적으로 ( 복잡 / 간편 )해지고, 저렴한 가격 때문에 직구를 선택하는 소비자가 ( 늘어날 / 줄어들 ) 수 있다.

정답: 공략, 간편, 늘어날

## 066 한국 자동차 왜 이렇게 잘나가지?

우리나라의 자동차 수출액이 700억 달러를 넘어섰다고 해요. 한화 95조 원에 육박하는 엄청난 액수이지요. 미국 시장을 중심으로 고가의 친환경차 수출이 늘어난 이유가 가장 크다고 하는데 친환경차란 전기차, 수소차, 플러그인 **하이브리드** 차량들을 말합니다.

사실 2022년 8월 미국 인플레이션감축법(IRA)이 시행되면서 우리 자동차 업계의 수출 감소를 우려하는 목소리가 적지 않았어요. 하지만 상업용 친환경차의 경우 북미 최종 조립 등의 요건과 무관하게 보조금을 받을 수 있게 됨으로써 한계를 극복할 수 있었지요. 그리고 무엇보다 친환경 **모빌리티**에 대한 시장 확대를 위해 노력했고 차 반도체 부품 공급 정상화를 통해 연 생산 이상을 회복해 낸 것도 자동차 수출 증가의 이유가 되었습니다. 이로 인해 국내에서 생산된 차량의 약 65%(277만 대)가 해외 시장으로 수출됐습니다.

우리나라의 수출품은 과거에 비해 규모도 커졌고 수출하는 상품의 종류도 많이 달라졌습니다. 과거에는 **경공업** 제품이 수출의 주를 이루었지만 지금은 반도체, 자동차, 석유 화학 제품 등 **고부가가치** 제품이 우리나라의 수출을 이끌고 있지요. 이러한 변화는 한국이 단순히 제조업 기반의 경제국이 아닌 기술 중심의 경제국으로 성장하고 있다는 것을 보여줍니다.

### 어휘 쏙쏙

- **하이브리드(hybrid)**: 서로 다른 성질을 가진 요소를 둘 이상 뒤섞음
- **모빌리티**: 사람이나 사물의 이동을 편리하고 쉽게 하는 특성
- **경공업**: 섬유 공업·식품 공업·고무 공업 따위의 소비재 산업이 중심
- **고부가가치**: 생산 과정에서 새롭게 부가된 높은 가치

**친환경차란 어떤 차량들을 말하나요?**

_____

**우리나라의 수출품은 어떻게 변화했나요?**

_____

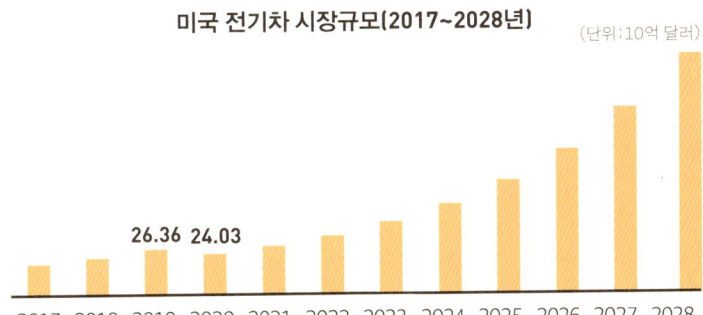

미국 전기차 판매량은 연평균 30% 이상의 성장률을 보이며 빠르게 성장하고 있다고 합니다. 이 상태라면 2024년에는 약 110만 대에 달할 것으로 보인다고 하네요. 미국의 전기차 시장 선두 기업은 테슬라입니다. 이 외에도 포드, 제너럴 모터스 등의 기업이 주요 모델들을 중심으로 판매하고 있으며 전기차 보조금, 세금 공제, 충전 인프라 확충 등 다양한 정책으로 전기차 산업을 지원하고 있습니다.

**전기차가 환경에 좋은 이유는 무엇일까요?**
① 전기는 화학연료이기 때문에
② 기름을 사용하지 않아 대기 오염을 줄이기 때문에
③ 이산화탄소를 배출하기 때문에
④ 한 번 만들면 영구적으로 쓸 수 있기 때문에

②: 납정

## 067
## 매주 일요일 대형마트서 장보고 지방에서도 새벽 배송 가능

대형마트는 우리가 장을 보거나 필요한 물건을 살 때 자주 가는 곳입니다. 그런데 대형마트로 인해 전통시장과 주변 상권들이 어려움을 겪으면서 마트가 의무적으로 휴업을 해야 되는 날이 생겼지요. 주로 일요일이나 공휴일에 쉬고는 했습니다. 그런데 이 대형마트의 **의무휴업일**이 바뀔 예정이라고 해요. 주말에 마트를 이용하기 편하도록 평일로 바꾸는 것이지요. 또한 밤 12시부터 아침 10시까지 온라인으로 물건을 배달할 수 있게 될 예정이라고 하는데 지방에 사는 친구들이 훨씬 더 편해질 것으로 보여요. 새벽 배송이 가능해지게 되니까 말이지요. 새벽 배송이 가능한 수도권과 달리 지방은 온라인 업체가 없고 대형마트 새벽 배송도 금지되어 있었는데, 이는 수도권과의 차별적 **규제**라고 봤던 거예요. 만약 이 법안이 개정되면 온라인 시장을 두고 이마트, 롯데마트, 홈플러스 등 기존 대형마트와 쿠팡, 컬리 등 이커머스의 경쟁이 한층 치열해질 것으로 보여요.

이렇게 된 배경에는 대형마트와 온라인 쇼핑몰 사이의 경쟁 때문이에요. 온라인 쇼핑몰이 커지는 동안 대형마트는 영업이익이 줄어들었기 때문인데, 실제로 쿠팡은 2022년 **3분기**에 이미 이마트 **영업이익**을 제친 상황이며 국내 새벽 배송 시장 규모는 2020년 약 2조 5,000억 원에서 2023년 11조 9,000억 원으로 4배 이상 커졌다고 해요. 대형마트와 온라인 쇼핑몰 사이의 경쟁이 더 치열해질 거예요.

### 어휘 쏙쏙

- **의무휴업일**: 일을 쉬어야만 하는 날
- **규제**: 규칙으로 정함 또는 그 정하여 놓은 것
- **분기**: 일 년을 4등분한 3개월씩의 기간
- **영업이익**: 기업의 주요 영업 활동에서 생기는 이익

 **The 똑똑하게 신문 읽기**

앞으로 대형마트 의무휴업일은 어떻게 바뀌게 될까요?

___

여러분도 새벽 배송으로 물건을 받아 본 적이 있나요?

___

 **쏙쏙 경제 데이터 분석**

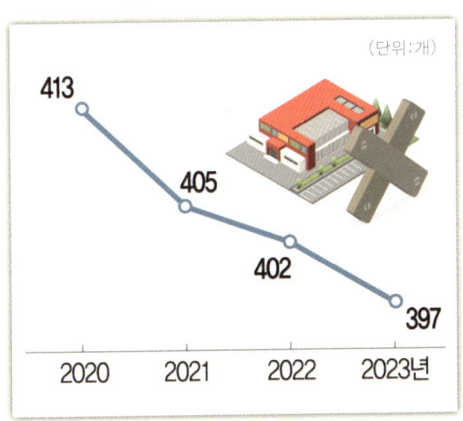

대형마트 폐점 시 유동 인구가 감소해 주변 골목상권의 매출까지 급감하는 것으로 나타났어요. 2020년 11월과 12월 문을 닫은 롯데마트 도봉점과 구로점의 반경 2km 상권의 매출액이 폐점 전보다 평균 5.3% 감소했다고 합니다.

 **The 똑똑하게 생각하기**

**창고형 마트의 물건 가격이 저렴한 이유가 아닌 것을 고르세요.**
① 대용량 상품을 제공하기 때문에
② 상품의 종류를 적게 하여 대량 구매의 이점을 극대화해서
③ 재고 관리와 유통과정이 간소화돼서
④ 상품 진열과 관리에 필요한 인력을 최대화해서

정답: ④

PART 4. 나라

## 한국 우유는 왜 비쌀까?

우리나라의 우유 가격은 상당히 높은 편이라고 해요. 전 세계 제품·서비스 가격을 비교하는 '글로벌 프로덕트 프라이스 닷컴' 조사에 따르면 한국이 92개국 중 6위에 올랐다고 합니다. 우리나라의 우유 가격은 시장의 수요와 공급에 따라 결정되는 것이 아닌 **낙농업자**를 보호하기 위해 2013년 정부가 도입한 가격 정책에 따라 **생산비**와 연동되어 결정되고 있어요. 우리나라의 리터당 원유 가격은 20년 새 72%가 상승했는데 같은 기간 미국과 유럽에서는 상승률이 10%대에 불과했지요.

2023년에는 낙농가와 유업체 사이에 입장 차이가 좁혀지지 않아서 가격 협상이 쉽지 않았던 적도 있어요. 낙농가는 사룟값 인상, 코로나19 기간 동안 인상 가격 **보류** 등을 이유로 리터당 104원 만큼 원유 가격을 올려야 한다고 주장했어요. 반면에 유업체는 가격을 최대한 적게 올려야 한다는 입장을 고수했고요. 가격이 리터당 69원만 올라도 흰 우유 1리터의 소비자 가격은 현재 2,800원에서 3,000원이 넘게 된다고 해요. 이렇듯 국내 우유 제품의 가격 경쟁력이 떨어지면서 원유의 미생물을 제거하고 유통기한을 늘린 수입산 '멸균 우유'의 인기가 치솟고 있어요. 관세청에 따르면 2023년 멸균우유 수입액은 413억 원으로 전년 대비 32% 증가했다고 합니다.

- **낙농업자**: 낙농업을 경영하는 사람
- **생산비**: 물질적 재화를 생산하는 데 드는 원료비·노력비·고정 자산비·간접 경비 따위를 통틀어 이르는 말
- **보류**: 어떤 일을 당장 처리하지 않고 나중으로 미루어 둠

우리나라의 우유 가격이 높은 이유는 무엇인가요?

_____

낙농가에서 원유 가격을 높여야 한다고 주장하는 이유는 무엇인가요?

_____

### 밀크플레이션(Milk+Inflation)

우유 가격이 오르면 우유를 원료로 사용하는 유제품 물가가 급격히 오르는 현상을 말해요.

**밀크플레이션이 영향을 끼칠 수 있는 항목들을 3가지 고르세요.**

① 버터, 치즈, 요구르트, 아이스크림 등 우유를 직접적으로 사용하는 제품들
② 카페에서 판매하는 커피, 밀크티, 셰이크 등 우유 사용 음료
③ 빵, 케이크, 쿠키 등 베이커리 제품
④ 소고기, 돼지고기, 닭고기와 같은 육류

정답: ①, ②, ③

## 소비자물가 3.1% 상승… 두 달 연속 3%대

069

2024년 3월 **소비자물가**가 **전년 동월** 대비 3.1% 오르면서 두 달 연속 3%대 상승폭을 기록했다고 해요. 소비자물가가 상승한다는 것은 우리가 평소에 사 먹는 식품이나 옷, 학용품 같은 소비 물품들의 가격이 올라간다는 것을 말해요.

농산물의 경우, 전년 동월 대비 20.5%나 급등했다고 해요. 이에 따라 신선 식품지수도 크게 올랐는데 신선 과실의 경우는 40.9%, 신선 채소의 경우는 11.0%나 상승하게 되었지요. 사과의 경우는 88.2%, 배는 98.8%나 상승하였다고 하니 올해 사과와 배를 먹는 것은 너무나 어려운 일이 되었어요. 국제 **유가**상승 영향으로 석유류 물가도 전년 동월 대비 1.2%나 상승했어요.

자주 구매하는 품목의 가격들이 오르면 우리 가족이 지출해야 되는 돈이 더 많아지게 돼요. 따라서 꼭 필요한 소비만 하게 되니 외식을 줄이거나 **여가활동**을 못 하게 되기도 하지요. 가정에서 쓸 수 있는 금액은 정해져 있기 때문이에요. 또 물가가 오르면 나중에 물건 가격이 더 오르게 될까 봐 저축을 더 하려는 사람도 많아진다고 해요. 소비가 더 위축되는 것이지요. 이렇듯 소비자물가가 상승하면 우리 생활에 여러 가지 영향을 끼친답니다.

 어휘 쏙쏙

- **소비자물가**: 소비자가 구입하는 모든 상품, 서비스의 가격을 평균한 수치
- **전년 동월**: 작년 기준 같은 달
- **유가**: 석유의 판매 가격
- **여가활동**: 한가로운 시간을 활용하여 어떤 일을 활발히 함

 **The 똑똑하게 신문 읽기**

소비자물가가 상승한다는 것은 어떤 의미인가요?

_____

소비자물가가 오르면 가정에서는 어떤 어려움이 생길까요?

_____

 **쏙쏙 경제 데이터 분석**

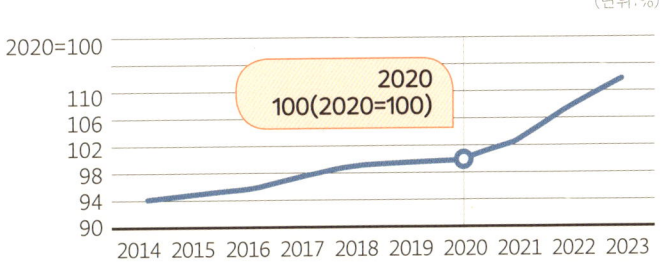

출처: kosis (통계청, 소비자물가조사)

소비자물가 지수는 소비자가 구입하는 상품과 서비스의 가격 변동을 측정하기 위한 지표입니다. 통계청에서 매월 작성하여 공표하며 2020년의 소비자물가 수준을 100으로 한 지수 형태로 작성해서 안내하고 있습니다.

 **The 똑똑하게 생각하기**

소비 위축이 계속되면 경제 전반에 걸쳐 여러 가지 부정적인 영향을 미칠 수 있어요. 소비가 줄면 판매가 부진해지고 이로 인해 생산이 줄어들게 되기 때문이에요. 그 결과 일자리가 줄어들고 사람들의 소득은 감소합니다. 소득이 줄어든 사람들은 더 적게 소비하게 되면서 악순환에 빠질 수 있지요. 정부는 소비를 촉진하기 위해 무엇을 할 수 있을까요?

_____

## 문화재 테러, 강력 처벌 본보기 보여야

경복궁의 아름다운 담장에 스프레이로 낙서를 한 10대 청소년들이 경찰에 붙잡혔어요. 낙서를 한 이유를 들어보니 "돈을 주겠다"는 지인의 제안 때문이었지요. 이 소식을 들은 서경덕 성신여대 교수님은 이런 행동을 한 사람들에게 엄격한 처벌을 해서 다시는 이런 일이 일어나지 않게 해야 한다고 말씀하셨어요.

경복궁은 조선 시대의 궁전으로 조선 태조 4년(1395년)에 건립되었다가 임진왜란 때 소실되었어요. 이후 고종 4년(1867년)에 흥선대원군이 **재건**한 중요한 **사적**입니다. 현재 우리나라 사람들뿐만 아니라 전 세계 많은 사람이 그 아름다움을 보러 오는 곳이지요. 그런데 이런 중요한 곳에 낙서를 했다니! 이 낙서를 본 많은 사람이 소중한 문화재가 **훼손**된 모습에 마음에도 상처를 받게 되었습니다. 2008년 2월 10일 발생했던 숭례문 화재는 60대 남성의 방화 사건이었으며 숭례문 **문루** 2층의 90%, 1층의 10%가 소실되어버렸지요. 이번 일을 계기로 우리 모두가 문화재를 보호하는 것이 얼마나 중요한지 다시 한번 생각해 볼 필요가 있게 되었어요. 문화재는 우리나라의 역사와 전통을 담고 있는 소중한 보물이지요. 우리가 이런 보물을 잘 지키고 보호해야 미래에도 많은 사람이 우리나라의 아름다운 문화를 볼 수 있을 거예요.

### 어휘 쏙쏙

- **재건**: 허물어진 건물이나 조직 따위를 다시 일으켜 세움
- **사적**: 국가가 법적으로 지정한 문화재
- **훼손**: 헐거나 깨뜨려 못 쓰게 만듦
- **문루**: 궁문, 성문 따위의 바깥문 위에 지은 다락집

경복궁에 낙서를 한 10대 청소년들은 왜 그런 일을 벌였나요?

숭례문은 방화 사건으로 어떻게 되었나요?

### 경복궁 낙서 테러에 복구 비용은 얼마나 들까요?

문화재청은 응급복구 작업에 나섰고 8일간 총 234명이 투입되었다고 해요. 스팀 세척기와 레이저 세척기, 방진복 등이 2,000만 원 정도, 인건비와 재료비를 고려하면 약 1억 원의 비용이 들었다고 합니다. 2차 작업으로 추가 비용도 발생할 것이고요. 문화재보호법의 첫 사례로 피의자들에게 비용 전액을 청구하겠다고 밝혔지요.

우리가 할 수 있는 일은 우선 문화재 주변에서는 조심하고 규칙을 잘 지키는 거예요. 만약 문화재가 훼손되는 것을 보게 되면 바로 어른들에게 알려서 도움을 청해야 해요. 우리 모두가 문화재를 사랑하고 보호하는 마음을 가진다면 우리나라의 소중한 문화재는 앞으로도 계속 아름답게 남아 있을 거예요.

**문화재를 대하는 우리의 자세로 옳지 못한 것을 고르세요.**

① 훼손 장면을 보면 바로 어른들에게 알려서 도움을 청해야 해요.
② 문화재를 사랑하고 보호하는 마음을 가져요.
③ 문화재 주변에서는 뛰어놀지 않아요.
④ 문화재 복원을 할 수 있으니 마음대로 만져요.

정답: ④

## K디스카운트 해소 땐 1인당 1,400만 원 이득

정부가 '기업 밸류업' 방안을 발표했어요. 2023년 일본 도쿄**증권거래소**가 도입한 방법을 **벤치마킹**해 기업들이 스스로 주가 부양책을 내도록 한다는 취지이지요.

실제로 코리아 디스카운트가 해소된다면 **국민연금** 가입자당 1,000만 원 이상의 가치 상승 혜택을 얻을 수 있다는 분석도 나왔다고 해요. 코리아 디스카운트란 우리나라 기업들의 주식 가치가 실제보다 낮게 평가되는 현상을 말해요. 기업의 가치가 동일하더라도 미국·일본 등 다른 나라보다 주가가 낮게 평가되고 있으니 우리나라 입장에서는 손해인 것이지요. 우리나라 주식 시장의 가치가 실제보다 낮게 평가되는 것은 한국의 개인 투자자들에게 손해를 주고 창업 환경에도 좋지 않은 영향을 주게 돼요. 실제로 OECD 국가 가운데 **PBR(주가순자산비율)**이 가장 낮은 나라가 우리나라라고 해요.

정부와 기업은 이 현상을 바꾸기 위해 제도적인 정책 기업 밸류업 프로그램을 마련했어요. 기업은 자신들의 가치를 높이기 위해서 노력하고 정부가 기업에 세금을 감면하거나 지원해 주는 것이지요. 이렇게 된다면 우리나라 주식 시장이 더 활성화되고 많은 사람이 투자를 진행해서 이익을 볼 수 있게 될 거예요.

### 어휘 쏙쏙

- **증권거래소**: 유가 증권의 거래를 위하여 개설되는 시장
- **벤치마킹(bench-marking)**: 경쟁업체의 경영 방식을 면밀히 분석하여 경쟁업체를 따라잡음
- **국민연금**: 노령·장애·사망 따위로 소득 획득 능력이 없어졌을 때 국가가 생활 보장을 위하여 정기적으로 지급하는 금액
- **PBR(주가순자산비율)**: 주가가 그 회사의 한 주당 순자산의 몇 배인가를 나타내는 지표

 **The 똑똑하게 신문 읽기**

**코리아 디스카운트란 무엇인가요?**

_____

**우리나라 주식 시장의 가치가 낮게 평가되면 어떤 문제가 있나요?**

_____

 **쏙쏙 경제 데이터 분석**

### 자사주 소각에 나선 기업들

우리나라 기업들의 주식 가치가 실제보다 낮게 평가되는 것을 해결하기 위해서 일부 기업은 소유하고 있는 자사의 주식을 없앴어요(자사주 소각). 기업이 주식을 없애면 그만큼 시장에 유통되는 주식의 수(공급)가 줄어들고, 시장 원리에 따라 주식 가격이 오르게 되는 것이죠. 이렇게 주식 가격이 오르도록 자사주를 소각하는 것, 주주들에게 현금이나 주식을 나눠주는 것(배당) 등이 주주에게 이익을 돌려주는 일이랍니다.

*자사주 소각: 회사가 지기 자신의 주식을 사서 없애는 것을 의미

 **The 똑똑하게 생각하기**

**자사주 소각이 주주들에게 좋은 이유 두 개를 고르세요.**

① 시장에 나와 있는 주식의 총량이 늘어나게 돼서
② 시장에 나와 있는 주식의 총량이 줄어들게 돼서
③ 주식이 줄어들면 주식의 가치가 낮아지기 때문에
④ 주식이 줄어들면 주식의 가치가 높아지기 때문에

정답: ②, ④

# 넓어진 K콘텐츠 지도

072

2023년은 글로벌 **OTT(온라인동영상 서비스)** 시장에서 K콘텐츠 장르가 다양화된 원년이었어요. 넷플릭스가 2023년 발표한 보고서를 보면 2023년 상반기 글로벌 시청 시간 상위 100개 작품 중 한국 콘텐츠가 15개에 달했다고 해요. 전 세계에 학교폭력에 대한 경각심을 불러일으켰던 드라마 〈더 글로리〉가 6억 2,000만 시간으로 3위를 차지했고, 글로벌 운동 열풍을 일으킨 예능 〈피지컬: 100〉(2억 3,000만 시간)과 드라마 〈일타 스캔들: 리미티드 시리즈〉(2억 3,000만 시간)가 각각 15, 16위에 자리했지요. 드라마 **일변도**에서 K예능으로까지 인기가 확산되고 있어요.

넷플릭스, 티빙 등 OTT가 영상 산업의 중심이 된 가운데 K콘텐츠가 '공략지도'를 다시 그리면서 OTT를 발판 삼아 글로벌 주류 문화로의 등극을 노릴 수 있게 되었어요. 원래는 **단일** OTT의 경우 제작비의 110~120%를 보장받지만 복수 OTT에 팔면 수익률이 크게 늘어나기 때문이죠. 이미 비영어권 콘텐츠 안에서 한국 콘텐츠가 차지하는 비중은 38.5%에 해당하고 영어권을 포함한 전체 TV 시리즈 중에서는 14.6%를 차지했다고 해요. 전 세계 관객을 맞이할 K콘텐츠의 새로운 지도를 기대해도 좋을 것 같아요.

### 어휘 쏙쏙

- **OTT(온라인동영상 서비스)**: 영화, TV 방영 프로그램 등의 미디어 콘텐츠를 인터넷을 통해 소비자에게 제공하는 서비스
- **일변도**: 한쪽으로만 치우침
- **단일**: 단 하나로 되어 있음

 **The 똑똑하게 신문 읽기**

**OTT란 무엇인가요?**

___

**여러분도 이용 중인 OTT가 있나요? 월 이용료는 얼마인가요?**

___

 **쏙쏙 경제 데이터 분석**

'박스권'에 갇힌 넷플릭스·티빙, '상승세'를 탄 쿠팡플레이·디즈니 플러스

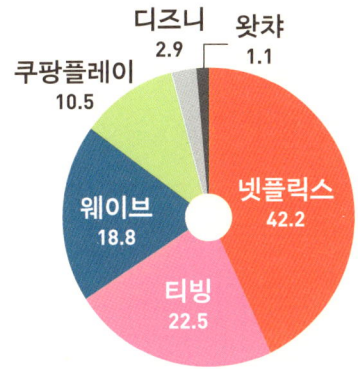

- 디즈니 2.9
- 왓챠 1.1
- 쿠팡플레이 10.5
- 웨이브 18.8
- 넷플릭스 42.2
- 티빙 22.5

여러 OTT 서비스가 더 많은 사용자를 확보하기 위해 경쟁을 벌이고 있어요. OTT 서비스의 경쟁력은 이용료가 저렴한 것, 수요가 많은 콘텐츠를 다양하게 제공하는 것, 높은 화질, 시청 기록 관리와 추천 서비스가 유용한 것 등에서 나온답니다.

 **The 똑똑하게 생각하기**

**한국의 드라마나 예능을 외국에서도 즐길 수 있는 방법이 아닌 것은 무엇일까요?**

① VPN 이용(해외에서 한국의 인터넷 서버에 접속해 KBS, SBS, MBC 등을 시청하는 것)
② 글로벌 OTT 서비스 이용
③ 한국 공식 방송국 웹사이트 활용
④ 복제된 CD 및 USB 영상 활용

정답: ④

## 073

## '한 돈' 돌 반지 40만 원 웃돌아… 가계 팍팍한데, 내다 팔아?

안전자산을 대표하는 '금'이 사상 최고가를 계속해서 경신하고 있어요. 금메달을 받은 선수가 메달을 깨무는 퍼포먼스를 본 적 있나요? 정말 순금인지를 확인하는 모습인데 만약에 **순금**이 아니라면 치아를 다칠 수 있기 때문에 아주 살짝만 무는 모습을 보여줍니다. 금메달의 무게가 529g이라고 하는데 이게 모두 금이라면 그 금액은 어마어마할 거예요. 왜냐하면 현재 금의 가격이 많이 올랐기 때문이죠. 2024년 3.75g, 한 돈의 가격은 거의 40만 원에 육박하고 있어요. 우리나라에서는 아이가 태어난 지 1년이 된 '돌' 때 금 한 돈을 선물하고는 했었는데 여러분이 태어나서 받았을 무렵만 해도 20만 원이 채 되지 않았죠. 만약 돌 반지를 잘 가지고 있었다면 2배 이상의 수익률을 갖게 된 거예요. 현재는 가격이 너무 올라서 돌 반지를 선물하지 못하고 있다고 하는데 도대체 왜 이렇게 오르는 걸까요?

금 가격이 오르는 이유는 여러 가지가 있어요. 우선 전쟁이 발발하거나 경제가 불안정할 때, 경기 침체가 예상될 때, 높은 인플레이션이 지속될 때 사람들은 안전한 **실물자산**인 금에 투자합니다. 또한 미국의 금리가 하락하면 안전자산인 금으로 투자수요가 증가하고 금리 하락으로 인한 달러 가치 하락을 대비해 국제적으로 금의 가격이 상승할 수 있습니다.

- **순금**: 다른 금속이 섞이지 않은 순수한 금
- **실물자산**: 부동산, 골동품, 금, 기념주화처럼 형체가 있는 자산

 **The 똑똑하게 신문 읽기**

현재 금 한 돈의 시세는 얼마인가요?

금 가격이 오르는 이유는 무엇이 있나요?

 **쏙쏙 경제 데이터 분석**

### 몸값 오른 황금박쥐상

지난 2008년 함평군은 예산 30억 4천여만 원을 들여 순금 162kg, 은 281.39kg 등을 사용해 순금 황금박쥐 상을 만들었어요. 애물단지였던 황금박쥐상은 현재 150억 원 이상의 몸값을 자랑하며 엑스포공원 함평문화유물전시관으로 이전하기로 결정되었습니다.

금의 가격이 나날이 오르면서 금 투자에 대한 관심도 커지고 있어요. 국내 증권업계에서는 금 가격이 중장기적으로 계속 상승할 가능성을 높게 점치고 있거든요. 금에 투자하는 방법은 크게 세 가지입니다.

1. 직접 골드바와 같은 실물의 금을 사두는 것이에요. 하지만 금 실물은 사고 팔면서 수수료가 많이 든다는 단점이 있어요.
2. 금 통장을 만드는 것이에요. 금 실물을 사지 않고 통장을 통해 0.01그램 단위로 소액 투자할 수 있어요.
3. 금 펀드에 투자하는 것이에요. 주식시장에 상장된 펀드(ETF) 중에는 금 가격을 따라 수익률이 결정되는 것이 있어요. 또한 금광을 가진 기업의 주식이나 금 관련 주식들이 담긴 펀드에 투자할 수도 있어요.

 **The 똑똑하게 생각하기**

여러분이 금에 투자한다면 어떤 방법으로 투자하고 싶은가요? 투자 금액과 방법을 계획해 보고 이유도 생각해 보세요.

# 극지연구소, 200년 대기 비밀 밝힌다

074

극지연구소 연구팀이 남극 지역에서 처음으로 빙하 시추에 성공했습니다. 한영철 박사가 이끄는 연구팀은 미국, 인도 등 국제 공동연구팀과 함께 지난 2023년 1월 남극 스웨이츠 빙하 인근에서 빙하 시추 작업을 했어요. 스웨이츠 빙하는 남극에서 가장 빨리 녹고 있는 빙하예요. 이 빙하가 사라지면 다른 남극 빙하들도 연쇄적으로 녹아내릴 수 있어 '운명의 날' 빙하라고 불리고 있죠. 연구팀은 이 빙하의 변화를 연구하기 위해 현장 조사를 하고 있습니다. 하지만 주변에 기지가 없어 접근이 어려워 연구가 잘 이뤄지지 않았어요. 그래서 연구팀은 쇄빙연구선 아라온호를 타고 지역 근처까지 가서 헬기를 이용해 현장으로 이동했습니다. 그리고 13일 동안 열심히 시추 작업을 해서 두 지점에서 각각 150m 길이의 빙하 코어를 확보했답니다. 이 빙하 코어에는 지난 200년 동안의 대기 기록이 담겨 있을 것으로 예상돼요. 빙하 코어는 아라온호 냉동창고에 실린 채 이동 중이며, 5월 중 국내에 도착한다고 합니다. 우리나라는 이 자료를 분석해 남극의 기후변화를 보다 자세히 알아낼 수 있게 될 거예요. 한영철 박사는 "기지에서는 갈 수 없는 곳에서 빙하 시추에 성공해 한국의 극지 연구 역량이 한 단계 도약했다"고 말했습니다. 우리나라의 극지 연구 기술이 발전한 만큼 앞으로 더 많은 연구가 이뤄져 남극의 기후변화를 잘 이해할 수 있게 될 것입니다.

 어휘 쏙쏙

- **극지연구소**: 남극과 북극 지역의 연구를 전문적으로 수행하는 곳
- **시추**: 지하자원을 탐사하거나 지층의 구조나 상태를 조사하기 위하여 땅속 깊이 구멍을 파는 일
- **기지**: 군대, 탐험대 따위의 활동의 기점이 되는 근거지
- **빙하 코어**: 극지방의 빙하에서 채취한 원통 모양의 얼음 기둥

## The 똑똑하게 신문 읽기

스웨이츠 빙하를 '운명의 날' 빙하라고 부르는 이유가 무엇인가요?

___

빙하 코어를 확보해서 알 수 있는 건 무엇인가요?

___

## 쏙쏙 경제 데이터 분석

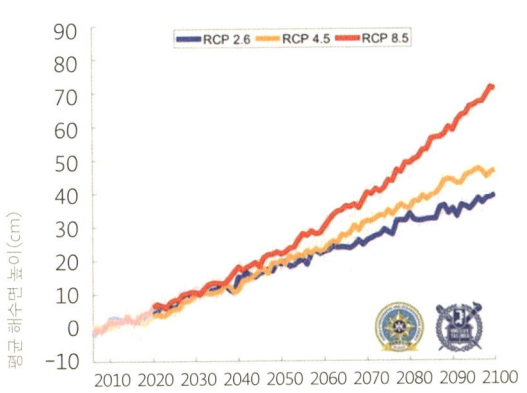

RCP 배출 시나리오별 우리 주변 해역 평균 해수면 전망

오는 2100년에는 지구 온난화의 영향으로 빙하가 녹으면서 우리나라 해역의 해수면이 73cm 높아질 수 있다는 연구 결과가 나왔어요. 해수면 상승은 침수, 범람, 해안 침식 등 심각한 피해를 가져올 수 있습니다. 그렇기 때문에 전 세계가 함께 이를 풀어나가려는 노력을 해야 해요.

RCP(Representative Concentration Pathways): 인간활동이 대기에 미치는 복사량을 온실가스 농도 변화량을 결정하여 온실가스 배출 시나리오에 따른 변화를 표현한 것

## The 똑똑하게 생각하기

남극 연구를 위해 설립된 한국의 연구기관은 무엇일까요?
① 한국해양과학기술원
② 한국과학기술연구원
③ 한국연구재단
④ 한국환경산업기술원

정답: ①

PART 4. 나라

## 075

## 이 나라가 한국 라면에 빠졌다고?

라면 수출, 사상 최고치 기록!

2023년 한국의 라면 수출액이 9억 5,240만 달러(1조 2,445억 원)를 기록하며 사상 최고치를 달성했습니다. 전년 대비 24.4%나 증가한 수치라고 하는데요, 국가별로 수출액 순위를 보면 중국이 1위, 미국이 2위, 네덜란드가 3위입니다. 네덜란드는 라면 문화가 익숙하지 않은 유럽 국가임에도 주요 수출국 순위 3위를 한 것에 대해 관심이 높아졌습니다. 이는 유럽 전역에 부는 한류 열풍과 함께 네덜란드가 서유럽의 **거점** 국가라는 점이 영향을 끼친 것으로 풀이돼요.

라면 수출액은 매년 꾸준히 증가하면서 최대 수출액을 **경신**하고 있는데 2020년 6억 달러, 2022년에는 7억 달러를 돌파했습니다. 실제로 국내 라면 업체들이 해외에서도 제품을 생산하고 있으니 전체 판매액은 이보다 훨씬 더 많을 것으로 추정됩니다. 이처럼 한국 라면이 세계적으로 인기를 끌면서, 라면 업계에서도 생산량 확대에 나서고 있지요. 농심과 삼양식품 등 회사들은 미국과 국내에 새로운 공장을 짓는 등 적극적인 **투자**를 하고 있습니다. 앞으로도 한국 라면의 인기는 계속 높아질 것으로 보입니다. 세계 각국에서 한국 문화가 사랑받고 있기 때문이죠. 한국 라면이 세계인의 입맛을 사로잡을 날이 머지않아 보입니다.

- **거점**: 어떤 활동의 근거가 되는 중요한 지점
- **경신**: 어떤 분야의 종전 최고치나 최저치를 깨뜨림
- **투자**: 이익을 얻기 위하여 어떤 일이나 사업에 자본을 대거나 시간이나 정성을 쏟음

### The 똑똑하게 신문 읽기

네덜란드가 우리나라 라면 수출액 3위 국가인 게 어떤 의미가 있나요?

___

라면의 인기는 앞으로 어떻게 될까요?

___

### 쏙쏙 경제 데이터 분석

#### 하락하는 국제 밀 가격

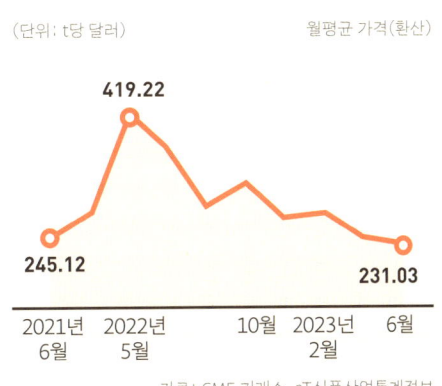

부총리 겸 기획재정부 장관은 KBS <일요진단>에 출연해 라면 값과 관련해 "기업들이 밀 가격이 내린 것에 맞춰 제품값을 적정하게 내렸으면 좋겠다"고 언급했어요. "정부가 가격을 통제할 수는 없다"고 전제를 달기는 했지만 "이 문제는 소비자 단체들이 압력을 행사했으면 좋겠다"며 사실상 강력한 '인하 메시지'를 전달한 것이에요. 부총리의 발언이 알려진 직후만 하더라도 "가격 인하 계획은 없다"고 버티던 라면 업체들은 시간이 지나면서 입장을 속속 바꾸고 있습니다.

### The 똑똑하게 생각하기

**한국 라면에 대한 설명 중 바르지 않은 것을 고르세요.**
① 한국 라면 수출액이 매년 최대치를 경신하고 있다.
② 네덜란드는 한국 라면 문화에 익숙한 국가이다.
③ 국내 라면 업체들이 해외에서도 생산하고 있다.
④ 한국 라면의 세계화가 가속화될 것으로 보인다.

정답: ②

## 이젠 알바생 안 써도 되겠네

**외식업계**에 로봇이 본격적으로 도입되면서 큰 변화가 일어나고 있습니다. 인력난 해결과 비용 절감, **균일**한 품질 관리 등의 장점 때문에 조리 로봇, 서빙 로봇, 배달 로봇 등이 속속 등장하고 있죠. 특히 햄버거 **패티**를 자동으로 굽는 '알파 그릴' 로봇이 크게 주목받고 있습니다. 1분 만에 양면을 고르게 구워내는 이 로봇은 사람이 직접 굽는 것보다 효율적이고 안전합니다. 이처럼 외식업계에서 로봇 도입이 확산되면서 직원 인건비 절감과 균일한 품질 관리가 가능해졌습니다. 치킨 튀김 로봇의 경우 월 100만 원 수준의 대여 및 **유지비**로 직원 1명의 인건비보다 저렴하면서도 시간당 15~20마리의 치킨을 튀길 수 있어요. 이에 따라 롯데리아, 교촌, BHC 등 주요 외식 기업들이 이미 조리 로봇을 도입하고 있지요. 특히 올해부터는 배달 로봇도 거리를 누비게 될 전망이에요. 최근 법 개정으로 사람의 동행 없이도 배달 로봇의 인도 통행이 허용되면서, 새로운 배달 서비스가 등장할 것으로 기대됩니다. 이처럼 외식업계에 불어닥친 '로봇 바람'은 앞으로도 계속될 것으로 보여요. 인력난 해결과 비용 절감, 품질 관리 등의 장점 때문에 더 많은 기업들이 로봇 도입에 나설 것으로 예상됩니다.

- **외식업계**: 외식업에 종사하는 사람들의 활동 분야나 영역
- **균일**: 한결같이 고름
- **패티**: 고기·생선 등을 다져 동글납작하게 빚은 것
- **유지비**: 무엇을 지니거나 지탱하는 데 드는 비용

**외식업계에서 로봇을 활용하면 좋은 점은 무엇인가요?**

---

**배달 로봇 관련 법이 어떻게 개정되었나요?**

---

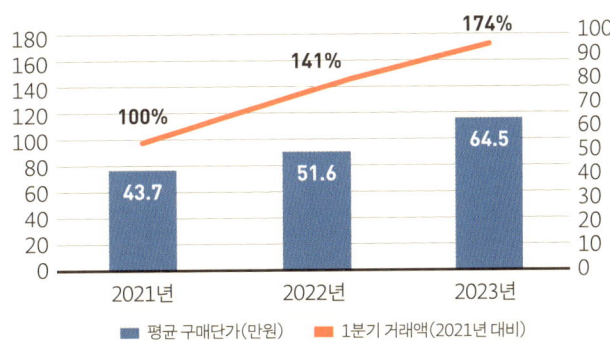

'진짜 쓸만해진 로봇청소기' 2년 전보다 거래액 74% 증가

가격비교 서비스 다나와는 2023년 1분기 로봇청소기 거래액이 지난해 동기 대비 23.7% 증가했으며, 2년 전과 대비해서는 74% 증가해 가전 시장에서 눈에 띄는 성장세를 보이고 있다고 밝혔어요.

**외식업계에서 로봇의 도입이 확산되는 이유로 옳지 않은 것은 무엇일까요?**
① 맛의 다양성
② 인력난 해결
③ 비용 절감
④ 균일한 품질 관리

정답: ①

## 077
# 500만 돌파한 노인가구, 36%는 혼자 산다

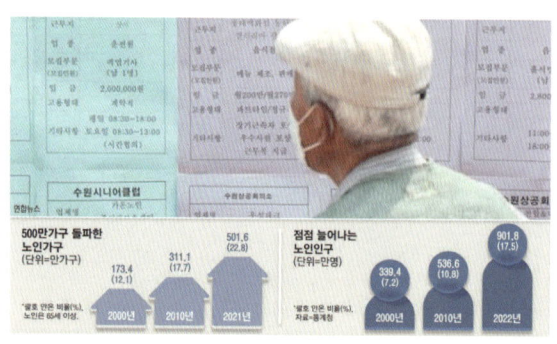

우리나라는 최근 들어 노인 인구가 급격히 늘어나고 있습니다. 전체 인구 중 노인가구의 **비중**이 23%나 되는 것이죠. 이는 OECD 국가 중 2위 수준입니다. 이렇게 노인 인구가 늘어나면서 우리나라 사람들의 평균 수명도 83세로 늘어났습니다. 이렇게 노인 인구가 늘어나면 사회적으로 어떤 변화가 생길까요? 가장 큰 변화는 부양 비용이 늘어난다는 것입니다. 20년 사이에 **부양** 비용이 2배나 늘어났다고 해요. 급속도로 진행되는 고령화로 노인가구 수가 사상 처음으로 500만 가구를 넘어서며 역대 최대치를 기록했지요. **합계출산율**이 역대 최저로 추락한 가운데 기대수명은 길어지면서 전체 인구는 줄었고, 평균 연령은 20년 전의 두 배 수준으로 높아질 만큼 '늙은 나라'로 전락하고 있습니다. 통계청이 발표한 '2022 한국의 사회지표'에 따르면 2021년 기준 가구주 연령이 65세 이상인 노인가구는 1년 전보다 28만 가구 증가한 501만 6,000가구로 나타났다고 합니다. 2000년에는 173만 4,000가구였지만 21년 새 약 세 배 증가한 수치입니다. 이렇게 노인 인구가 늘어나면 정부와 가족들이 노인들을 돌보는 데 더 많은 비용을 들여야 합니다. 노인들이 건강하고 행복하게 살 수 있도록 지원하는 것이죠. 이처럼 우리나라의 인구 변화는 사회 전반에 큰 영향을 미치고 있습니다.

### 어휘 쏙쏙

- **비중**: 다른 것과 비교할 때 차지하는 중요도
- **부양**: 생활 능력이 없는 사람의 생활을 돌봄
- **합계출산율**: 여성 한 명이 가임 기간에 낳을 것으로 예상되는 평균 자녀 수

## The 똑똑하게 신문 읽기

노인가구의 비중은 현재 어느 정도인가요?

___

노인 인구가 늘어나면 어떤 변화가 생기나요?

___

### 쏙쏙 경제 데이터 분석

**500만 가구 돌파한 노인가구** (단위: 만 가구)

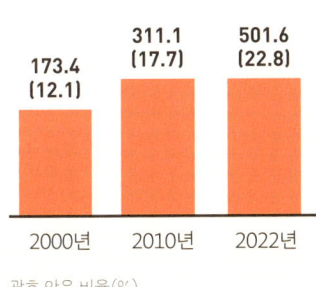

- 2000년: 173.4 (12.1)
- 2010년: 311.1 (17.7)
- 2022년: 501.6 (22.8)

괄호 안은 비율(%)

**점점 늘어나는 노인 인구** (단위: 만 명)

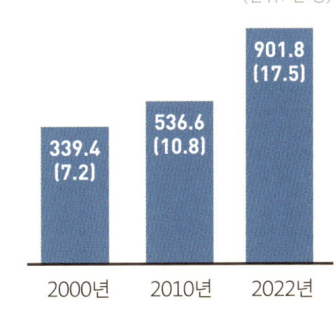

- 2000년: 339.4 (7.2)
- 2010년: 536.6 (10.8)
- 2022년: 901.8 (17.5)

괄호 안은 비율(%)  자료: 통계청

2022년 우리나라 노인 인구는 약 902만 명으로 전년보다 45만 명가량 늘었습니다. 노인 인구 비중은 17.5%로 1년 전보다 0.9%포인트 증가했어요. 노인 인구와 비중이 증가하는 것은 기대수명이 늘고 출생률은 줄고 있기 때문이에요.

## The 똑똑하게 생각하기

노인 인구가 늘어나는 상황을 해결하는 긍정적 방법이 아닌 것은 무엇일까요?

① 노인 일자리를 확대함
② 노인 복지 산업을 개발함
③ 노인들의 경험과 지혜를 활용함
④ 노 키즈존과 함께 노 노인존을 추가함

정답: ④

## 078
## 김포에서 잠실까지 15분, 손님 태우고 하늘 나는 택시

우리나라에서는 앞으로 '하늘을 나는 택시'라고 불리는 도심항공교통(UAM)이 곧 등장할 예정입니다. UAM은 전기로 움직이는 특별한 비행기로, 소음이 적고 공해도 없어 매우 친환경적 운송수단입니다. 이 UAM은 시속 300km 이상으로 움직일 수 있어 KTX보다 더 빨리 갈 수 있습니다. 어느 정도의 빠르기냐 하면 김포공항에서 잠실까지 15분 만에 갈 수 있다고 해요. 현재는 대중교통으로 한 시간 반, 자동차로는 35분 정도 걸리는 거리이지요. 이용 요금은 1인당 1km당 3,000원 정도로 예상됩니다.

정부는 2025년부터 UAM을 본격적으로 운영할 계획이라고 합니다. 먼저 전라남도 고흥에서 UAM 비행 실험을 하고 있습니다. 이 실험에서는 UAM이 비행할 때 나는 소음을 측정하고 있는데, 도시에서 일상적으로 들리는 소음보다 더 작다고 해요. 안전성, 소음, **통합 운용성** 등의 기준을 통과한 사업자를 대상으로 수도권 비행 2단계 **실증**에 들어간다고 합니다(실증 구간: 인천 서구 오류동 드론 시험인증센터에서 아라뱃길 구간 14km, 고양 킨텍스에서 김포공항 14km, 김포공항에서 여의도 18km 총 3곳).

앞으로 UAM은 점점 더 많은 지역으로 퍼져나갈 예정이에요. 정부는 2030년까지 전국적으로 확산시키고, 2035년에는 UAM을 **보편화**할 계획이라고 하지요. 이렇게 된다면 UAM은 우리 생활에 큰 변화를 가져올 것입니다.

### 어휘 쏙쏙

- **통합 운용성**: 서로 다른 시스템, 기기, 애플리케이션 간에 데이터를 자동으로 안전하게 교환할 수 있는 능력
- **실증**: 어떤 명제의 참, 거짓을 사실에 비추어 검사하는 일
- **보편화**: 널리 일반인에게 퍼짐 또는 그렇게 되게 함

### The 똑똑하게 신문 읽기

UAM이란 무엇인가요?

___

UAM 보편화는 언제쯤 가능할까요?

___

### 쏙쏙 경제 데이터 분석

**뉴욕증시 드론 관련주**

| 종목 | 종목 코드 |
|---|---|
| 조비 에비에이션 | JOBY |
| 이항 | EH |
| 유아이페이스 | PATH |
| 크라토스 디펜스 앤드 시큐리티 솔루션스 | KTOS |

도심항공교통(UAM) 부문 선도 기업으로 평가받는 미국 조비 에비에이션은 2023년 주가가 약 94% 뛰었고 경쟁사인 '중국판 조비' 이항의 주가도 같은 기간 약 77% 올랐어요.

### The 똑똑하게 생각하기

UAM 기술이 도심 교통 문제를 어떻게 해결할 수 있을까요?

___

UAM 상용화를 위해 어떤 기술적 과제들이 해결되어야 할까요?

___

# 079
# 머나먼 내 집 마련, 서울 주택보급률 13년 만에 최저

　서울의 **주택 공급률**이 13년 만에 가장 낮은 수준을 기록했어요. 이것은 서울 시민들이 살 집이 부족하다는 것을 의미합니다. 서울의 주택 공급률은 2022년 기준 93.7%로 나타났는데, 이는 2009년 이후 가장 낮은 수준이라고 해요. 이렇게 주택 공급률이 낮아진 이유는 서울에 새로운 주택을 지을 땅이 부족하다는 점과 수요에 비해 공급이 따라가지 못한다는 점 때문이에요. 이렇게 주택 공급률이 낮아지면 집값 상승이라는 문제가 발생하게 돼요. 주택이 부족해지면 집값이 올라가게 되고, 집을 사기 어려워지게 됩니다. 집을 구하기 어려워지면 결혼과 출산도 어려워질 수 있겠지요. 인구감소로 주택 '**과잉 공급**'이 심해질 것이라는 전망과 달리 수도권 등 대도시는 주택 부족이 심각한 상황이에요. 원룸, 반지하도 주택으로 잡히고 있기 때문에 사람들이 살고 싶어 하는 아파트와 같은 주택만 고려한다면 주택 부족은 더욱 심각한 것으로 파악돼요. 이러한 문제를 해결하기 위해 정부는 다양한 노력을 하고 있어요. 공공주택 건설을 늘리고 민간 건설사에게 **인센티브**를 제공하는 등 새로운 주택 공급을 늘리는 정책을 시행하고 있지요. 또한 재개발과 재건축 사업을 활성화하여 기존 주택을 더 많이 공급하려고 노력하고, **주택 임대 시장**을 활성화하고 주거 복지 정책을 강화하는 등 다각도로 접근하고 있습니다.

### 어휘 쏙쏙

- **주택 공급률**: 필요한 주택 수에 대비해 실제 공급된 주택 수의 비율을 나타내는 지표
- **과잉 공급**: 경제 수요보다 공급이 지나치게 많은 상황
- **인센티브(incentive)**: 어떤 행동을 하도록 사람을 부추기는 것을 목적으로 하는 자극
- **주택 임대 시장**: 주택을 소유한 사람들이 다른 사람들에게 임대해주는 시장

### The 똑똑하게 신문 읽기

서울의 주택 공급률이 낮아지는 이유는 무엇인가요?

___

주택 부족 문제를 해결하기 위해 정부는 어떤 노력을 하고 있나요?

___

### 쏙쏙 경제 데이터 분석

#### 하락하는 주택보급률

주택보급률은 가구 수에 비해 주택 수가 얼마나 되는지 보여주는 수치예요. 주택 수를 가구 수로 나눈 값에 100을 곱하면 주택보급률을 알 수 있어요. 주택보급률이 낮다면 가구 수에 비해 주택이 부족하다는 뜻이고, 주택보급률이 높다면 가구 수에 비해 주택이 충분하거나 넘친다는 뜻이에요.

(단위: %)

전국: 100.5 (2010년) → 104.8 (2019) → 102.1 (2022)
서울: 94.4 (2010년) → 96.3 (2017) → 93.7 (2022)

주택보급률=(주택수÷일반 가구 수)×100

### The 똑똑하게 생각하기

노르웨이, 스위스, 아이슬란드는 주택 보급률이 가장 높은 국가들입니다. 주택 보급률이 높은 것과 가장 관계없는 것은 무엇일까요?

① 주택 공급이 충분함
② 주거 안전성이 높음
③ 주거 복지 정책이 발달되어 있음
④ 전반적인 삶의 질이 낮음

정답: ④

## 의대 정원 늘려도… 외과 대신 '피부과' 불 보듯

 의대 정원 **증원**과 필수의료 패키지 정책에 반대하는 의사들의 전국 총궐기대회가 열렸어요. 이번 대회에는 전국에서 3,000명 이상의 의사들이 참여했는데, 필수의료 분야의 의사 부족 현상이 더 심각해질 것이라는 게 이들의 주장이지요. 특히 소아과, 산부인과 등 필수의료 분야의 의사들이 돈 버는 미용 분야로 **이탈**하고 있다는 점을 지적했습니다.

 의사들은 필수의료 분야 의사들의 자부심과 책임감을 높일 수 있도록 법적 보호와 의료 환경 개선이 필요하다고 강조했습니다. 또한 18세 미만 성형수술 금지 등 **과열**된 미용시장 냉각 조치와 필수의료 **수가** 개선 노력도 필요하다고 주장했습니다. 이번 총궐기대회로 인해 의사들은 정부와 갈등을 빚었습니다. 의사들은 자신들의 요구사항과 정부의 정책이 충돌하고 있다고 지적했으며, 이러한 갈등 상황이 국민 건강에 부정적인 영향을 미칠 수 있다고 우려했지요. 이번 사태를 **계기**로 정부와 의료계가 협력하여 필수의료 분야 의사 유치를 위한 방안을 모색해야 할 것으로 보입니다. 이를 통해 국민들이 필수의료 서비스를 안정적으로 받을 수 있도록 해야 할 것입니다.

### 어휘 쏙쏙

- **증원**: 사람 수를 늘림
- **이탈**: 어떤 범위나 대열 따위에서 떨어져 나오거나 떨어져 나감
- **과열**: 지나치게 활기를 띰
- **수가**: 보수로 주는 대가
- **계기**: 어떤 일이 일어나거나 변화하도록 만드는 결정적인 원인이나 기회

**의사들이 총궐기대회를 하는 이유는 무엇인가요?**

---

**의사들이 요청하는 사항들은 무엇이 있나요?**

---

의료수가란 건강보험공단과 환자가 의사나 약사 등의 의료 서비스 제공자에게 의료 행위에 대해 제공하는 비용을 말해요. 일반적으로 치료 원가와 의사·간호사 등 보건의료인의 인건비와 전기료 같은 의료기관 운영에 따른 부대비용을 합친 금액을 기준으로 결정됩니다. 건강보험공단은 가입자한테서 거둔 건강보험료로 의료공급자에 수가를 지급하기에 수가 협상 결과는 건강보험료 인상 수위를 정하는 데 지대한 영향을 줘요.

자료: 보건복지부

---

**소아과 전공 기피 문제를 해결할 수 있는 방법이 아닌 것을 고르세요.**

① 저출산 문제에 대한 종합적인 대책 마련
② 인센티브 제공
③ 소아과 의사에 대한 처우 개선
④ 성적별 소아과 의무 전공 배당

정답: ④

# PART 5

# 세계

## 초콜릿은 신이 내린 선물이라고?

초콜릿의 기원은 고대 마야시대(100~600년)부터예요. 당시 마야와 아즈텍 문명에서 카카오 열매를 종교의식에 사용했다고 해요. 16세기 유럽에 소개된 초콜릿은 처음에는 쓸쓸한 맛으로 인기를 끌지 못했지만 달콤한 향신료 첨가와 건강에 이로운 점이 알려지면서 점차 인기를 얻게 되었어요. 산업혁명 이후에는 기술이 발전하여 초콜릿은 **대중화**되었답니다. 그뿐만 아니라 제2차 세계대전 때는 병사들의 **사기 증진**을 위한 전투식량으로도 사용되었어요.

그러나 초콜릿 인기가 높아질수록 아프리카에서는 상상할 수 없는 **비극**이 벌어졌어요. 카카오 농장의 **열악한** 노동 환경과 아동들을 불법으로 잡아가 노예처럼 일을 시키는 일이 생겨났기 때문이에요. 카카오 농장의 아이들은 하루 최대 14시간을 위험한 환경에서 일하고 있어요. 국제 시민단체의 조사에 의하면 아동 노동자 중 90%가 위험한 작업을 수행한다고 해요. 초콜릿의 달콤함 뒤에는 카카오 농장에서 일하는 어린 노동자들의 눈물이 숨어 있지요.

- **대중화**: 일반 사람들 사이에 널리 퍼져 친숙해지는 것
- **사기 증진**: 의욕과 자신감을 불러일으킴
- **비극**: 슬프거나 불행한 일
- **열악한**: 뒤떨어지고 나쁜

초콜릿의 달콤함 뒤에는 어떤 슬픈 일이 숨어 있나요?

### 세계 아동 노동 반대의 날

매년 6월 12일에 열리는 '세계 아동 노동 반대의 날'은 아동 노동에 대한 심각성을 알리고 소비자들의 인식을 바꾸기 위해 국제노동기구(ILO)에서 지정한 날이에요.

여기 초콜릿이 하나 있어요. 초콜릿을 먹은 사람은 잠시 동안 카카오 농장에서 일하는 아이가 되어 그들의 삶을 체험하게 됩니다. 카카오 농장의 어린 노동자가 된 사람들은 어떤 기분이 들까요? 그리고 이 경험을 통해 사람들이 배우게 될 교훈은 무엇일까요?

사람들의 기분                      교훈

## 082
## 빨리 만들고, 빨리 팔린다. '패스트패션' 시장

 패스트패션(fast fashion)이란 주문을 하면 바로 먹을 수 있는 음식인 패스트푸드(fast food)에서 유래한 말로 빠르게 변화하는 유행에 맞춰 디자인을 빨리 바꿔 내놓는 옷을 통틀어 이르는 말이에요. 패스트패션 브랜드는 계절이 아닌 1~2주 단위로 신상품을 선보이며, 때로는 하루 만에 제품을 바꾸기도 해요. 한 의류 회사는 하루 평균 7,200개의 새 의류 모델을 선보이는 것으로 알려져 있어요. 이로 인해 소비자는 최신 유행의 옷을 저렴한 가격에 구입할 수 있는 반면, 빠른 소비는 많은 쓰레기를 배출해 환경을 오염시키고 있어요. 이에 프랑스 정부는 패스트패션 판매 제품에 대해 최대 판매가의 50%까지 벌금을 **부과**하는 법안을 검토 중이에요. 프랑스 환경부장관은 패스트패션 광고 금지 및 **지속 가능**한 패션 브랜드 지원 계획도 발표했어요. 패스트패션 브랜드도 환경적 영향을 줄이기 위해 재활용 가능한 **소재**를 사용하겠다고 약속했답니다.

### 어휘 쏙쏙

- **부과**: 일정한 책임이나 일을 부담하여 맡게 함
- **지속 가능**: 환경을 파괴하지 않는 범위 내에서의 계속적 발전
- **소재**: 어떤 물건을 만드는 데 바탕이 되는 재료

### The 똑똑하게 신문 읽기

패스트패션이란 무엇인가요?

___

### 쏙쏙 경제 데이터 분석

**티셔츠 한 벌의 생산에서 분해까지**

티셔츠 한 벌을 생산하는 데 물 2,700리터, 욕조 15개 분량이 들고 세탁을 할 때는 미세플라스틱 70만 개가 나와요. 의류 생산으로 매년 물 800조 리터가 소모되고 이산화탄소는 1억 7,500만 톤, 쓰레기는 9,200만 톤이 발생한답니다.

제조 시 물 **2700L**

→ 세탁 시 **미세플라스틱 70만 개 방출**

→ 분해 시 **미세플라스틱 12억 개 발생**

의류 생산으로 매년...

물 800조 L 소모 / 이산화탄소 1억 7500만T 방출 / 쓰레기 9200만T 발생

### The 똑똑하게 생각하기

패스트패션의 문제점을 생각해 본 후 학교 친구들과 함께 할 수 있는 캠페인을 계획해 보세요.

**패스트패션의 문제**
예) 사람들이 옷을 많이 버려요.

**이런 캠페인 어때요?**
예) 옷 교환 행사

## 나사에서 새로운 우주비행사 찾습니다! 너도 도전해 볼래?

　미국 항공우주국인 나사(NASA)가 52년 만에 다시 사람을 달에 보낼 계획이에요. 이번에는 '아르테미스'라는 이름의 임무로, 2024년에는 여성 포함 2명의 우주인을 달에 보내고, 2028년에는 달에 사람이 살 수 있는 집을 지을 거예요.

　나사는 이 임무에 참여할 우주비행사 지원자를 모집하고 있어요. 지원자는 기본적으로 미국 시민권과 공학, 생물학, 물리학, 컴퓨터과학, 수학 등을 비롯한 STEM(과학·기술·공학·수학) 분야의 **석사** 학위가 필요해요. 또 모든 지원자는 이번 임무와 관련된 최소 2년간의 전문적인 경험이나 제트항공기 기장으로서 1,000시간 이상 비행한 경험을 보유하고 있어야 해요. 또 의사, 비행학교를 **수료**하거나 수료할 예정인 사람도 지원할 수 있어요. 지원을 받은 후에 나사는 우주비행사 후보를 뽑아 훈련을 시킬 거예요. 후보가 된 사람들은 나사의 체력 시험을 통과해야 한답니다.

- **석사**: 대학을 졸업하고 공부하는 대학원 과정
- **수료**: 어떤 교육 과정 등을 다 끝내는 것

### The 똑똑하게 신문 읽기

미국 항공우주국이 찾는 우주비행사의 조건은 무엇인가요?

---

### 쏙쏙 경제 데이터 분석

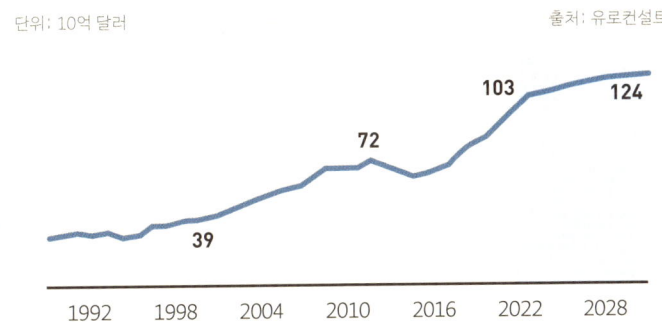

전 세계 정부의 우주 투자 규모(1990~2031)
단위: 10억 달러   출처: 유로컨설트

전 세계 우주 예산이 1,000억 달러를 돌파했어요. 이유는 우주산업은 고부가가치 산업이며, 우주에 대한 연구는 기술과 과학의 발전을 가져오기 때문이지요.

고부가가치 산업: 투자에 비해 생산을 통해 얻을 수 있는 가치가 큰 산업 즉, 적은 돈으로 큰 이익을 얻을 수 있는 산업을 말함. IT(정보기술), 반도체, 헬스케어(건강), 엔터테인먼트(문화, 예술) 산업 등이 해당됨.

### The 똑똑하게 생각하기

고부가가치 산업과 관련 있는 일을 찾아 줄로 이어 보세요.

| | |
|---|---|
| 우주산업 • | • K팝 가수들이 해외에서 8,000만 장의 앨범을 팔았다. |
| 헬스케어 • | • 세계 각국 정부의 우주 투자 규모는 136조 8천억 원이다. |
| IT • | • 늙지 않는 약을 만들기 위한 각 나라의 경쟁이 치열하다. |
| 엔터테인먼트 • | • 삼성 휴대폰이 유럽에서 인기리에 판매 중이다. |

## 너무 많이 와서 골치, 오버투어리즘 현상과 해결책

관광객이 너무 많이 몰려와 주민들의 삶을 어렵게 하는 '오버투어리즘'을 알고 있나요? 이탈리아의 유명한 관광도시 베네치아에 관광객이 너무 많이 몰려와 주민들이 불편을 겪고 있어요. 많은 관광객 때문에 베네치아 역사 지역 안에 살던 사람들이 소음과 환경오염에서 벗어나기 위해 고향을 떠나고 있어요. 또, 유네스코는 베네치아를 '위험에 처한 세계유산' 목록에 올려야 한다고 걱정했어요. 그래서 베네치아 시는 관광객들에게 하루 방문 요금 5유로(약 7,400원)를 받기로 했어요. 이는 세계 최초로 시도되는 **조치**로, 관광객들이 한 지역에 너무 많이 몰려와 생기는 문제를 해결하기 위한 것이에요. 관광객들은 베네치아 공식 웹사이트에서 입장료를 결제하고 QR코드를 발급받아야 해요. 그리고 조사관들이 **무작위**로 입장료를 냈는지 확인해서 입장료를 내지 않고 관광하다 **적발**되면 50~300유로(약 7~44만 원)의 벌금을 부과한다고 해요. 베네치아 시장은 "이는 전 세계 어디에서도 시도된 적이 없는 실험"이라며 "베네치아를 더 살기 좋은 도시로 만들기 위한 조치"라고 말했어요. 이렇게 베네치아 시는 관광객들의 과도한 방문으로 인한 문제를 해결하기 위해 노력하는 중이에요.

- **조치**: 잘못 돌아가고 있는 일을 바로잡기 위한 방법을 마련함
- **무작위**: 일정한 순서나 규칙이 없는
- **적발**: 몰래 숨기면서 하던 일을 다른 사람에게 들킴

오버투어리즘의 문제는 무엇인가요?

### 오버투어리즘

이탈리아 피렌체에는 매년 평균 1,500만 명의 관광객이 방문하고 있어요. 관광 수입이 크지만 동시에 시민 삶을 망친다는 지적도 나오고 있어요. 집주인들이 돈 있는 관광객 대상으로만 집을 빌려줘서 집값이 터무니없이 오르고 있거든요. 월세로만 월급의 72%를 지출하고 있다는 통계도 나왔어요.

우리 마을에 많은 사람이 관광 오면 어떤 상황이 생길까요?

베네치아 시는 관광객 수를 줄이기 위해 입장료를 도입했어요. 만약 우리 동네에서도 이런 정책을 시행한다면 어떤 장단점이 있을까요?

## 085
## 쓰레기 분리수거만 해도 포인트 적립, 순환하는 경제

서울 양천구에서 '**스마트** 종이팩 **수거기**'가 큰 인기를 끌고 있어요. 이 수거기를 사용하면 쓰레기를 버리면서 포인트를 얻을 수 있는데요, 이 포인트로 우유나 피자 같은 물건을 사거나 기부할 수 있어요.

양천구는 이 스마트 수거기를 더 많이 설치하려는 계획이에요. 종이팩 수거기는 23대, 캔이나 페트병을 수거하는 로봇은 30대를 설치해 운영할 예정이에요. 이 스마트 수거기를 사용하려면 '오늘의 분리수거'라는 앱을 다운받아야 해요. 앱을 열어서 수거기에 있는 QR코드를 스캔하고, 종이팩을 투입하면 **포인트**가 적립된답니다.

이뿐만 아니라 캔이나 페트병을 수거하는 로봇도 있어요. 이 로봇은 AI 기술로 캔과 페트병을 정확하게 구별해내요. 이 로봇에 캔이나 페트병을 넣으면 포인트가 **적립**되고, 이 포인트는 현금으로 바꿀 수도 있답니다.

양천구 스마트 종이팩 수거기는 1만 4,000명이 넘는 사람들이 이용했고, 캔과 페트병 수거 로봇은 3만 3,000명이 넘는 사람들이 이용했어요. 이렇게 많은 사람이 이용하면서 총 8,533kg의 종이팩과 6만 7,628kg의 캔과 페트병이 수거되었답니다.

 **어휘 쏙쏙**

- **스마트(Smart)**: '현명한'이라는 뜻의 영어 표현
- **수거**: 물건을 거두어(가지고) 감
- **포인트(Point)**: '점수'를 나타내는 영어 표현
- **적립**: 모아서 쌓아두는 것

 **The 똑똑하게 신문 읽기**

스마트 종이팩 수거기를 사용하는 사람들은 어떤 이익을 얻나요?

---

 **쏙쏙 경제 데이터 분석**

**두 마리 토끼 잡는 순환경제**

2018년 전 세계인이 1년 동안 버린 쓰레기는 무려 21억 톤에 달했어요. 트럭에 싣고 줄을 세운다면 지구 24바퀴를 돌 수 있는 양이에요. 처리 비용도 만만치 않죠. 이 문제를 해결하기 위한 것이 바로 '순환경제'예요. 순환경제란 폐기물(쓰레기)을 재활용해 천연자원의 소비를 줄이고 환경오염을 줄이는 경제구조를 말해요.

아래 그림은 음식물 쓰레기를 가공해서 만든 화분 알파팟이에요. 그대로 땅에 심으면 화분이 비료가 돼서 땅은 더 건강해지지요.

---

 **The 똑똑하게 생각하기**

**순환경제의 예로 올바른 것은 무엇인가요?**

① 플라스틱 쓰레기를 이용해 운동화를 만들었다.
② 피자 박스를 분리수거했다.
③ 빈병을 수거해 쓰레기통에 버렸다.
④ 고장 난 휴대폰을 잘 분리해 종량제 봉투에 버렸다.

정답: ①

# 진짜처럼 보이는 가짜, 딥페이크 기술의 빛과 그림자

세상에는 정말 똑똑한 컴퓨터 기술이 많아요. 그중에서도 '**인공지능(AI)**'이 대표적인데, 이 기술로 만들어진 영상이나 사진, 글 같은 것들이 점점 더 많아지고 있어요. 그런데 이 기술이 가짜를 진짜처럼 너무 잘 만들어서, 진짜 같은 가짜 뉴스나 사진들이 만들어져 문제가 되고 있답니다. 이를 '**딥페이크**'라고 해요.

이런 문제를 해결하기 위해 방송통신위원회에서는 'AI 서비스 이용자 보호에 관한 법률'을 만들기로 했어요. 사람들이 이게 진짜인지, 인공지능이 만든 가짜인지 구분할 수 있도록 AI로 만들어진 콘텐츠 옆에 '**AI 생성물**'이라고 표시를 하는 것이에요.

또, 인터넷에서 사람들이 피해를 보지 않도록 도와주는 '온라인 피해 365센터'를 만들었어요. 인공지능으로 인해 생길 수 있는 문제들, 예를 들어 누군가의 사진을 허락 없이 사용하는 것처럼 나쁜 일들을 신고할 수 있어요. 그리고 인터넷에 있는 뉴스가 진짜인지 가짜인지 알 수 있게 도와주는 방법도 마련하기로 했어요. 이걸 위해서 '**알고리즘** 투명성 위원회'라는 곳을 만들어서 뉴스가 어떻게 운영되는지 사람들이 알 수 있게 할 거래요.

이렇게 우리나라에서는 인공지능 기술로 인해 생길 수 있는 문제들을 해결하기 위해 여러 가지 방법들을 연구하고 있답니다.

### 어휘 쏙쏙

- **인공지능(AI)**: 인간의 지능처럼 문제해결력을 가진 컴퓨터 과학의 한 분야
- **딥페이크**: 인공지능 기술로 만든 가짜 이미지나 오디오, 비디오를 의미
- **생성물**: 만들어진 물질이나 물건
- **알고리즘**: 컴퓨터에서 문제를 해결하기 위한 순서나 방법

**딥페이크 기술은 왜 문제가 될까요?**

___

  **쏙쏙 경제 데이터 분석**

### 가짜 뉴스의 경제적 비용 추적

| 구분 | | 피해 금액 |
|---|---|---|
| 당사자 피해 금액 | | 22조 7,700억 원 |
| | 개인 | 5,400억 원 |
| | 기업 | 22조 2,300억 원 |
| 사회적 피해 금액 | | 7조 3,200억 원 |
| 합계 | | 30조 900억 원 |

출처: 현대경제연구원

가짜 뉴스는 사회적 믿음을 깨고 정치적으로 다른 의견을 가진 사람들끼리 더 멀어지게 해요. 가짜 뉴스 때문에 사회적 비용으로 연간 30조 원의 돈이 빠져나간다고 해요. 따라서 우리 모두 정보를 잘 확인하고 가짜 뉴스를 퍼뜨리지 않도록 주의해야겠어요.

**딥페이크 기술로 할 수 있는 좋은 일은 무엇일까요?**
① 영화에서 실제로는 불가능한 장면을 만들어 낼 수 있어요.
② 친구에게 장난 전화를 걸 때 목소리를 바꿔서 할 수 있어요.
③ 숙제를 대신 해주는 로봇을 만들 수 있어요.
④ 시간여행을 가능하게 할 수 있어요.

정답: ①

## 087
## 4D 작업을 수행하는 로봇, 안전한 미래 만들어 줄까?

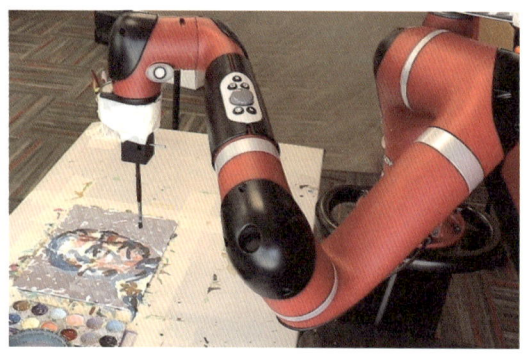

개인용 컴퓨터, 스마트폰, 인터넷이 우리 사회에 **혁명**을 일으켰듯이, 로봇도 **운송**, 제조, **물류**, 항공, 노인 돌봄 등 다양한 영역에서 우리 삶의 많은 부분에 깊은 영향을 미칠 거예요. 로봇은 반복적이고 위험하거나 인간의 노동력이 부족한 작업, 즉 '4D' 작업(Dangerous(위험하고), Dirty(더럽고), Difficult(힘들고), Dreamless(희망이 없는))을 수행하면서 사람들을 돕고 있어요. 자율주행차, 서비스 로봇, 로봇 청소기, 수색·구조 로봇, 우주 탐사 로봇 등 다양한 로봇이 이미 우리 생활 속에 자리 잡고 있지요. 차세대 로봇은 인간과 상호작용하며 집안 정리부터 노인 돌봄, 신제품 설계 및 제작에 이르기까지 더 복잡한 작업을 수행할 수 있게 될 것이라고 해요. 최근의 AI 기술 발전과 **머신러닝**을 통해 로봇은 인간의 지능처럼 새로운 것을 계속해서 학습하고 변형할 수 있게 되었어요.

이처럼 다양한 기술의 발전으로 더욱 똑똑한 로봇들이 등장할 거예요. 로봇이 인간을 위해 안전하고 더 나은 미래를 만드는 데 기여하게 될 것을 기대해 봐요.

### 어휘 쏙쏙

- **혁명**: 이전의 제도나 방식에서 벗어나 새롭고 빠르게 변화하는 것
- **운송**: 물건이나 사람을 어떤 장소에서 다른 장소까지 나르는 일
- **물류**: 물적 유통의 줄임말
- **머신러닝**: 컴퓨터가 스스로 그동안의 자료를 통해 학습하고 경험하는 것

### The 똑똑하게 신문 읽기

우리 일상생활에 이미 자리 잡고 있는 로봇의 형태는 무엇이 있나요?

---

### 쏙쏙 경제 데이터 분석

#### 세계 로봇 시장

**세계 로봇 시장 규모** (단위: 억 달러)

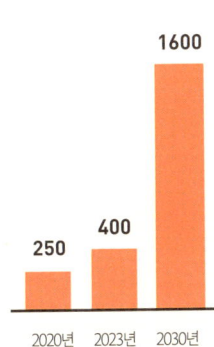

- 2020년: 250
- 2023년: 400
- 2030년: 1600

**세계 기업 간 로봇 경쟁**

| 회사 | 주요 내용 |
| --- | --- |
| 삼성전자 | 미래 성장 동력으로 로봇 사업 추진, 중장기 로드맵 준비 중 |
| 현대차 | 보스턴다이내믹스 인수, 로봇AI연구소 설립 |
| 테슬라 | 휴머노이드 '옵티머스' 개발 |
| 도요타 | 자체 연구소 확대 개편한 '우븐플래닛'으로 로봇 스타트업 투자·IP 획득 |
| 아마존 | 로봇청소기 1위 업체 '아이로봇' 17억 달러에 인수 |
| 알파벳(구글) | 로봇 AI 개발, 로봇 사업 위해 '에브리데이 로봇' 분사 |
| 포드 | 2021년 미시간대에 7500만달러 들여 로봇연구소 설립 |
| 혼다 | 1986년부터 휴머노이드 로봇 개발·생산 |

세계 로봇 시장의 규모는 현재 400억 달러(약 55조 원) 규모이지만 2030년에는 1,600억 달러(약 220조 원)로 성징할 거예요. 전 세계 기업은 로봇 경쟁에 열을 올리고 있답니다.

---

### The 똑똑하게 생각하기

로봇이 인간을 대신하거나 함께할 수 있는 작업에는 어떤 것이 있을까요?

## 088 스스로 죽음을 선택할 권리, 안락사를 둘러싼 논란

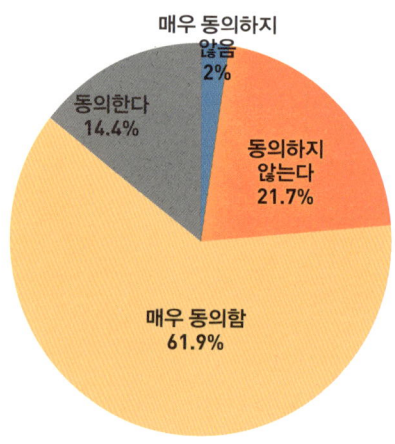

　네덜란드 암스테르담에서 새로운 **안락사** 캡슐 '사코'가 공개되어 많은 사람들 사이에서 찬반 논란이 일어나고 있어요. 이 안락사 캡슐은 호주의 필립 니슈케 박사와 네덜란드의 디자이너 알렉산더 바닝크가 만들었으며, 3D 프린터로 제작되었어요. 캡슐 안에 질소가 가득 차게 되면 사람은 조금의 어지러움을 느낀 뒤 곧 죽음에 이르게 된다고 해요. 이 캡슐은 사람이 언제 죽을지 스스로 결정할 수 있는 권리를 주장하며 만들어졌어요. 하지만 이 캡슐에 대한 의견은 나뉘고 있어요. 어떤 사람들은 병으로 고통받거나 치매에 걸렸을 때 이 캡슐이 도움이 될 수 있다고 생각해요. 반면, 다른 사람들은 이것이 자살을 조장할 수 있다고 우려하며 사람을 죽이는 기계라고 비판하고 있어요.

　네덜란드와 같은 몇몇 나라에서는 오랜 기간 고통을 겪는 환자가 의사의 도움으로 생을 마감할 수 있도록 허용하고 있어요. 하지만 한국에서는 **연명 치료**를 중단하는 정도의 소극적인 안락사만 가능해요. 이 캡슐에 대한 논란은 사람들이 죽음을 어떻게 바라보고, 죽음에 대한 권리를 어떻게 생각하는지에 대한 큰 질문을 던지고 있어요.

### 어휘 쏙쏙

- **안락사**: 살아날 가망성이 없는 환자를 고통이 적은 방법으로 인공적으로 죽음에 이르게 하는 일
- **연명 치료**: 목숨을 겨우 이어 가도록 하는 치료

안락사 캡슐에 대한 의견은 어떻게 나뉘어 있나요?

---

 쏙쏙 경제 데이터 분석

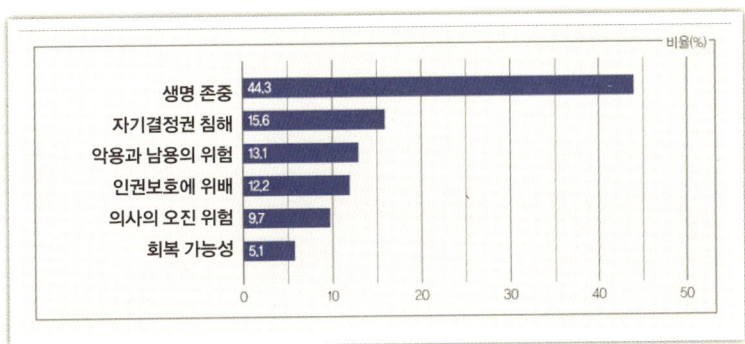

안락사를 뜻하는 유타나시아(euthanasia)는 그리스어로 직역하면 '아름다운 죽음'이에요. 하지만 안락사에 대한 찬성과 반대 입장은 팽팽하답니다. 안락사에 대해 반대하는 사람들은 생명 존중, 자기 결정권 침해, 약물 남용의 위험 등을 이유로 반대하고 있어요.

죽음을 선택할 권리에 대해 어떻게 생각하나요?

**안락사를 찬성합니다.**
이유는

**안락사를 반대합니다.**
이유는

## 089
## 화폐 속 주인공은 누가 되는 걸까?

한국은행은 5만 원과 10만 원 등 고액권 발행을 위해 **초상** 인물 선정 작업을 진행했어요. 홈페이지에 '고액권 도안 초상 인물 후보에 대한 의견 게시판'을 운영했는데요, 약 4만 8,000건의 의견이 접수되었어요. 게시판에는 한국은행이 제시한 10명의 후보 외에도 광개토대왕, 단군 등 다양한 인물이 추천되었답니다. 하지만 시간이 지나면서 김구, 신사임당, 유관순, 장영실, 정약용 등 5명의 후보가 주목받기 시작했고, 특히 유관순과 신사임당이 가장 많은 추천을 받았어요.

화폐 초상 인물 선정은 역사적으로 중요한 의미를 가져요. 화폐는 국가의 상징이자 **정체성**을 대변하는 중요한 수단이기 때문이에요. 과거 우리나라에서는 주로 역사적 인물이나 국가 지도자의 초상이 화폐에 사용되었는데요, 최근에는 과학자, 독립운동가, 문화예술인 등 다양한 분야의 인물들이 화폐 초상 인물로 추천되고 있어요. 이는 국가 정체성을 보다 폭넓게 나타내려는 노력으로 볼 수 있어요. 화폐 초상 인물 선정은 국민들의 관심과 **공감**을 얻는 것이 중요해요. 한국은행은 이번 경험을 토대로 앞으로 화폐 초상 인물 선정 과정을 더욱 투명하고 공정하게 진행하려고 노력하고 있어요.

### 어휘 쏙쏙

- **초상**: 특정 인물의 모습을 표현한 그림이나 사진
- **정체성**: 변하지 않는 고유한 성질
- **공감**: 함께 느끼는 감정

**화폐 초상 인물 선정은 왜 역사적으로 중요한 의미를 가질까요?**

___

### 기축통화

**세계에서 가장 많이 거래되는 돈 순위**

세계 사람들이 무역을 할 때 어떤 돈을 사용할까요? 나라마다 돈이 다르기 때문에 물건을 사거나 팔 때 기준이 되는 돈이 필요해요. 그 돈을 '기축통화'라고 해요.
세계 5대 통화에는 2022년 외환시장 거래액 기준으로 미국 달러화(6조 6,410억 달러), 유로화(2조 2,930억 달러), 일본 엔화(1조 2,530억 달러), 영국 파운드화(9,690억 달러), 중국 위안화(5,260억 달러)였어요.

| 1 | 미국 달러 (USD) |
|---|---|
| 2 | 유럽연합 유로 (EUR) |
| 3 | 일본 엔 (JPY) |
| 4 | 영국 파운드 스털링 (GBP) |
| 5 | 호주 달러 (AUD) |
| 6 | 캐나다 달러 (CAD) |
| 7 | 스위스 프랑 (CHF) |
| 8 | 중국 위안 (CNH) |
| 9 | 스웨덴 크로나 (SEK) |
| 10 | 뉴질랜드 달러 (NZD) |

**한국 5만 원 지폐에 그려진 인물은 누구일까요?**
① 이순신 장군
② 율곡 이이
③ 세종대왕
④ 신사임당

정답: ④

PART 5. 세계

## 090 엔화 가치가 떨어지면 일본 여행객이 늘어나는 이유

지난해 일본을 다녀온 여행객 다수가 올해도 역시 일본행을 선택할 것이란 설문 결과가 나왔어요. 지난해 2회 이상 일본을 다녀온 여행객 중 75%가 "올해도 일본을 가겠다"고 응답했다고 해요. 일본은 거리가 짧고 비용 부담이 덜한 데다 볼거리와 먹거리가 다양해 한국 관광객의 선호도가 높은 편이에요. 과거 '노재팬(일본 제품 불매운동)' 때 발길이 끊겼으나 최근 '예스재팬' 유행에 **엔저 현상**까지 지속돼 인기가 많아지는 분위기예요. 최근 미국 달러에 비해 일본 엔화 가치가 크게 떨어지는 '**수퍼 엔저**' 현상이 계속되고 있어요.

엔화 가치가 떨어지니 일본 여행 경비 부담이 줄어들면서 한국 여행 대신 일본 여행을 선택하는 사람들이 늘어나고 있는 거예요. 그러나 외국에서 일본 기업과 경쟁 중인 우리나라 상품들의 경쟁력이 약화되고 있어요. 비슷한 상품인데 일본 상품의 가격이 상대적으로 저렴해지면서 우리나라 상품이 잘 안 팔리고 있는 것이죠. 일본에 물건을 수출하는 기업 입장에서도 같은 물건을 평소와 같은 가격에 팔지만 엔화의 가치가 떨어지니 가격을 싸게 판 것과 같아서 손해를 보고 있어요.

### 어휘 쏙쏙

- **엔저 현상**: 일본의 화폐인 엔화의 가치가 떨어짐을 의미
- **수퍼 엔저**: 엔저 현상이 매우 크게 두드러지는 것

 **The 똑똑하게 신문 읽기**

일본의 엔저 현상은 우리나라에 어떤 영향을 주나요?

---

 **쏙쏙 경제 데이터 분석**

### 나라마다 돈이 달라요

우리나라는 원화(₩), 미국은 달러화($), 일본은 엔화(¥)를 쓰지요. 환율은 한 나라의 돈과 다른 나라의 돈 사이의 교환 비율을 말한답니다. 2024년 1월 1일 기준으로 1,000원은 0.73달러와 같았어요. 같은 날 1,000원은 113.71엔과 같았답니다.

 **The 똑똑하게 생각하기**

**엔저 현상은 한국 경제에 어떤 영향을 줄까요?**
① 한국에 외국 관광객이 많이 온다.
② 한국 소비자들이 일본 여행을 더 많이 가게 된다.
③ 일본에 수출하는 한국 기업들이 더 많은 돈을 벌게 된다.
④ 한국 경제에 아무런 영향을 주지 않는다.

정답: ②

## 091
## 세상에서 가장 행복한 나라

유엔 지속가능발전해법네트워크(SDSN)의 조사에 따르면 세상에서 가장 행복한 나라로 핀란드가 7년 연속 1위에 뽑혔어요. '국제 행복의 날'을 맞아 발표한 '세계행복보고서(World Happiness Report)'에서도 핀란드의 행복 점수는 7.741로 전 세계에서 가장 높았답니다.

핀란드 사람들은 자신의 삶에 만족하며, 서로를 신뢰하고 존중해요. 또한 자연을 소중히 여기고, 안정된 사회 복지 제도 속에서 행복하게 살고 있지요. 이외에도 북유럽 국가인 덴마크, 아이슬란드, 스웨덴이 2~4위를 차지했고 노르웨이도 7위에 올랐어요. 한국은 52위로 최근 3년간 꾸준한 상승세를 기록하고 있어요. 미국은 23위, 독일은 24위를 차지했답니다. 행복도 점수는 세계 각국 사람들이 스스로 삶의 전반적인 질을 평가한 것을 바탕으로 정한 것이에요. 주요 평가 항목은 **GDP**, 사회적 지지, 건강 수명, 자유, **관대함**, **부패**에 대한 인식으로 총 6개 항목이랍니다. 행복도 점수 꼴찌인 나라는 아프가니스탄이었어요.

- **GDP**: 국내총생산. 한 나라 영토 내에서 일정 기간 동안 생산된 모든 최종생산물과 서비스의 시장가치의 합
- **관대함**: 마음이 너그럽고 큼
- **부패**: 바르지 못하고 부당함

핀란드 사람들이 행복한 이유는 무엇인가요?

_____

### 어린이 행복지수

**OECD 어린이 행복지수**

| 순위 | 국가 | 표준점수 |
|---|---|---|
| 1 | 네덜란드 | 115.21 |
| 2 | 노르웨이 | 114.58 |
| 3 | 스페인 | 113.98 |
| 20 | 벨기에 | 88.47 |
| 21 | 체코 | 83.14 |
| 22 | 대한민국 | 79.5 |

*OECD 2021년 22개국 조사. 초등학교 4~6학년 기준.
자료=한국방정환재단

**늘어나는 어린이 우울증 환자**

6421명 (2017년) → 9621명 (2020년)

*5~14세 기준. 자료=건강보험심사평가원

대한민국 어린이 행복지수는 22개국 중 22등으로 나타났어요. 이유는 학업 성적 문제 및 수면 부족 등으로 인한 스트레스 때문이라고 해요.

### The 똑똑하게 생각하기

행복지수에 영향을 미치는 요인을 세 가지 이상 적어 보세요.

1. _____

2. _____

3. _____

## 얼마나 경제력이 있는 나라일까? GDP의 의미

092

한국은행에 따르면 지난 2022년 한국의 GDP(국내총생산)는 1조 6,733억 달러로, 전 세계에서 13위를 기록했어요. GDP는 한 나라에서 재화와 서비스가 얼마나 생산됐는지를 보여주는 지표로, 한 나라 경제의 **규모**를 나타낸답니다. GDP 13위라는 말은 우리나라 경제의 크기가 세계 13위라는 뜻이에요. 1위는 미국(25조 4,627억 달러), 2위는 중국(17조 8,760억 달러)이고, 이어서 일본, 독일, 영국, 프랑스, 이탈리아, 캐나다, 인도, 브라질, 러시아, 호주 순이에요. GDP는 인구수와 1인당 GDP를 곱한 값인데 한국의 1인당 GDP는 세계 34위예요. 지금까지는 인구와 1인당 GDP가 모두 빠르게 늘어나면서 1990년에 비해 GDP가 4배 이상 성장했어요.

하지만 앞으로는 인구가 계속 줄어들어 경제 규모를 늘리기가 어려워질 거예요. 그래서 1인당 GDP 증가율을 높이는 게 중요해요. 1인당 GDP가 증가하려면 자원 **배분**을 잘해야 하고 기술이 발전되어야 해요. 따라서 첨단 제조업과 고부가가치 서비스업이 주도적으로 성장할 수 있도록 교육, 노동, 산업 구조 전반의 개혁이 필요하답니다.

- **한국은행**: 우리나라의 중앙은행. 화폐를 발행하고 예금의 이자 등을 정하는 국가 기관
- **규모**: 건물이나 지역의 크기, 일이나 현상이 이루어지는 범위나 크기
- **배분**: 필요한 곳에 나누는 것

**GDP란 무엇인가요?**

---

### 우리나라 경제는 성장 중일까?

(단위: 조 원)

2019년 1분기 457, 2분기 462, 3분기 464, 4분기 470, 2020년 1분기 464, 2분기 449, 3분기 459, 4분기 465, 2021년 1분기 473, 2분기 476, 3분기 478, 4분기 484, 2022년 1분기 487

2020년 1분기와 2분기에는 코로나19 바이러스 확산으로 국내외 경제가 침체되었어요. 2020년 2분기에 바닥을 친 이후 3분기에 걸쳐 회복되었지요. 위 그림에서 보이는 기간 가운데 경제성장률이 가장 높은 시점은 2020년 3분기입니다.

---

**우리나라 경제의 규모를 나타내는 지표는 무엇인가요?**
① 국내총생산(GDP)    ② 국민총생산(GNP)
③ 1인당 국민소득      ④ 경제성장률

**1인당 GDP 증가율을 높이는 것과 관계없는 것은 무엇인가요?**
① 자원 배분을 잘 한다.
② 첨단 제조업과 고부가가치 서비스업을 키운다.
③ 교육, 노동, 산업 구조 전반의 개혁이 필요하다.
④ 인구가 줄어야 한다.

정답: ①, ④

## 093 미국이 기침하면 한국이 감기에 걸린다!?

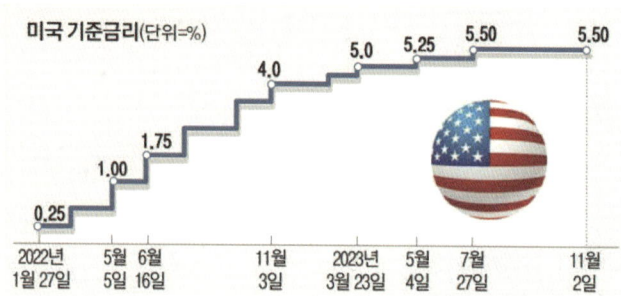

"미국이 기침을 하면 한국은 감기에 걸린다"는 말이 있어요. 미국이 경제적으로 안 좋아지면 우리나라는 더 안 좋아진다는 의미예요. 요즘 미국 연방준비제도(미국의 중앙은행)가 물가 상승을 막기 위해 **금리**를 계속 올리고 있어요. 이렇게 미국 금리가 오르면 우리나라는 큰 영향을 받아요. 미국 금리가 오르면 우리나라 은행들도 대출 금리를 올리게 돼요. 그러면 우리가 돈을 빌릴 때 더 많은 이자를 내야 해요. 또한 주식 시장에도 영향을 주지요. 금리가 오르면 주식 가격이 떨어지게 되어 주식에 투자했던 사람들은 손해를 볼 수 있어요.

그 외에도 우리나라 경제 전반에 영향을 미칠 수 있어요. 미국 경기가 나빠지면 우리나라 수출도 줄어들어요. 소비 **비중**이 높은 미국과 달리 우리나라 경제는 수출 **주도**이기에 미국 경기가 나빠지면 수출이 줄어들어 우리나라 경제도 나빠져요.

하지만 금리 인상이 나쁜 점만 있는 건 아니에요. 금리 인상으로 **인플레이션**을 막을 수 있고, 장기적으로는 경제 안정화에 도움이 될 수도 있답니다.

- **금리**: 빌리거나 빌려 준 돈에 대한 이자. 이율
- **비중**: 다른 것과 비교할 때의 중요도
- **주도**: 이끄는 것
- **인플레이션**: 시장에 돈이 많아져 화폐가치가 떨어지고 물가가 계속 오르는 현상

### The 똑똑하게 신문 읽기

미국이 금리를 올리면 우리나라는 어떤 영향을 받게 되나요?

---

### 쏙쏙 경제 데이터 분석

#### 미국의 금리 인상과 대한민국

미국의 금리가 오르면 우리나라의 금리도 같이 오릅니다. 2023년 기준 미국과 한국의 금리 차이가 1.25%인데 더 벌어지면 경제 전체에 큰 부담을 줄 수 있거든요. 하지만 꼭 그렇지 않은 상황도 있어요. 우리나라 경제 상황이 나쁠 때는 금리를 따라 올리기가 어렵지요. 한국은행은 물가와 경기 흐름을 지켜 보면서 금리 인상을 논의하고 있답니다.

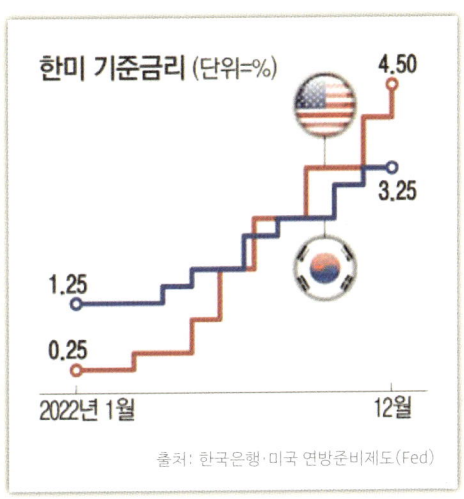

### The 똑똑하게 생각하기

**맞으면 ○, 틀리면 ×로 답해 보세요.**

미국 금리 인상으로 인해 우리나라 은행들이 대출 금리를 올리게 됩니다. 이에 따라 우리가 돈을 빌릴 때 더 많은 이자를 내야 합니다. (    )

우리나라 정부와 한국은행은 미국 금리 인상 상황을 잘 관찰하고 적절한 정책을 내놓아야 합니다. (    )

정답: ○, ○

## 094 회색 코뿔소와 검은 백조, 위험에도 종류가 있다

회색 코뿔소 … 다가오는 게 보이니 충분히 피할수 있다    블랙스완 … 예측 자체가 어려우니 도저히 피할수 없다

전 세계는 회색 코뿔소와 블랙 스완(검은 백조)과의 전쟁 중이에요. '회색 코뿔소'는 저 멀리 오는 코뿔소로 땅이 흔들리고 공포심을 느끼지만 마땅한 대책을 세우지 못해서 위험에 빠지는 상황을 말해요. 현재 전 세계는 **경기 침체**와 빚더미라는 두 마리 회색 코뿔소에 위협당하고 있어요. 코로나19 이후 세계는 지나치게 물가가 오르는 인플레이션을 막기 위해 금리를 올렸고 집을 사거나 투자를 하기 위해 빚을 진 사람들은 이자 부담이 늘어나고 있어요. 경기 침체로 소득은 제자리걸음인데 인플레이션 때문에 금리를 내릴 수도 없어요. 이런 상황을 회색 코뿔소라고 하지요.

블랙 스완은 '검은 백조'를 말해요. 우리가 아는 백조는 흰색인데 1697년 네덜란드 탐험가가 호주에서 검은 백조를 발견한 거예요. 그래서 많은 사람이 큰 충격에 빠졌지요. 이렇게 사람들의 기존 생각이나 상식을 깨고 세상에 등장하는 것을 블랙 스완이라고 해요. 경제적으로는 예상할 수 없는 위기 상황을 뜻하죠. 전쟁이나 금융기관의 **파산**, 사이버 공격 등이 블랙 스완에 해당돼요.

- **경기 침체**: 매매나 거래 따위가 활발하게 이루어지지 못하고 제자리에 머무름
- **파산**: 재산을 모두 잃어버리는 것

 **The 똑똑하게 신문 읽기**

블랙 스완은 어떤 경제 위기 상황을 말하나요?

---

 **쏙쏙 경제 데이터 분석**

### 회색 코뿔소와 검은 백조

**눈앞의 위험 회색 코뿔소**
금리를 올려도 물가가 안 잡히면 서민들의 생활은 더 힘들어져요.
경기 침체와 빚더미는 우리 경제에 큰 충격을 주지요.

**예측 불가능한 블랙 스완**
러시아·우크라이나 전쟁이 확전되거나 미국과 중국이 충돌할 경우 세계 경제는 돌이킬 수 없는 위기를 겪을 거예요.

---

 **The 똑똑하게 생각하기**

**회색 코뿔소의 특징에 해당하는 것을 고르세요.**

① 예상치 못한 사건이다.
② 경기가 침체되어 돈을 많이 유통시키고 싶지만 물가가 올라요.
③ 쉽게 해결할 수 있는 위험 요인이다.
④ 전쟁이나 금융기관의 파산처럼 예상할 수 없는 상황이다.

정답: ②

PART 5. 세계

## 이제 식량이 무기, 전쟁이 불러온 식량 위기

러시아·우크라이나 전쟁은 세계적으로 **광범위**하게 영향을 미치고 있어요. 전쟁은 다른 나라에서 났는데 아프리카와 같은 가난한 나라가 고통을 받고 있는 것이죠. 러시아·우크라이나 전쟁으로 아프리카 식량 가격이 크게 올랐어요. 이유는 농경지가 많은 우크라이나에서 생산한 식량을 아프리카에서 수입해야 하는데 전쟁이 났으니 식량 생산도 어렵고 생산된 식량의 수출길도 끊기게 된 거죠. 또 우크라이나는 가장 효율적인 비료 원료를 생산하는 나라인데 비료 공급이 줄어드니 아프리카의 농업 **생산성**도 떨어지게 된 거예요. 이에 러시아·우크라이나 전쟁 이후 아프리카에서 굶주림에 시달리는 어린이들이 **급증**했어요. 아프리카 대륙에서 3억 4,600만 명 이상이 극심한 **기아**에 시달리고 있으며 사망률과 영양실조율은 심각한 수준이라고 해요. 아프리카를 위해서는 우크라이나산 비료 원료를 대체할 원료를 찾는 데 노력해야 해요. 또, 빠른 시일 내에 전쟁을 끝내고 평화를 되찾아야 해요.

- **광범위**: 넓은 범위(테두리)
- **생산성**: 얼마만큼의 노력을 들여 만들어 낸 결과나 성과
- **급증**: 갑작스럽게 늘어남
- **기아**: 굶주림

 **The 똑똑하게 신문 읽기**

아프리카 식량 가격이 크게 오른 이유는 무엇인가요?

___

 **쏙쏙 경제 데이터 분석**

세계 식량 가격 지수

출처: 현대경제연구원

전쟁으로 인해 러시아와 우크라이나의 곡물 수출에 문제가 생기면서 세계 식량 가격은 걷잡을 수 없이 치솟고 있어요. 특히 우크라이나는 '유럽의 빵 공장'이라 불릴 만큼 밀 생산을 많이 하는 나라였어요. 계속되는 식량 위기에 대한 우려로, 전쟁이나 국가 재난과 같은 상황에서도 식량을 안전하게 확보하는 '식량 안보'가 더욱 중요해지고 있답니다.

 **The 똑똑하게 생각하기**

여러분에게 시간 여행자의 임무를 드립니다. 러시아와 우크라이나 전쟁이 시작되기 전으로 돌아가, 이 전쟁이 아프리카 식량 위기에 미칠 영향을 알리고, 전쟁을 막기 위한 방법을 찾아야 해요. 어떤 방법으로 사람들을 설득해야 할까요?

## 1살이 아니라 101살이라고요?

최근 미국에 사는 101세 퍼트리샤 할머니는 항공기를 타려다 큰 **소동**을 겪었어요. 퍼트리샤 할머니가 비행기를 예약하고 탑승하려고 했는데, 항공사 직원들이 할머니를 1살 아기로 착각했기 때문이에요. 항공사의 예약 시스템이 퍼트리샤 할머니의 생년월일을 잘못 **인식**했기 때문에 이런 일이 벌어진 거랍니다. 시스템이 할머니의 실제 생년인 1922년을 100년 더한 2022년으로 잘못 인식했던 것이죠. 그래서 1살 아기가 탑승할 것이라고 생각했던 직원들이 101세 할머니가 나타나자 깜짝 놀란 거였어요.

퍼트리샤 할머니는 지난해에도 비슷한 일을 겪었어요. 당시 할머니는 휠체어를 예약했는데, 시스템에 1세 아기로 잘못 입력되어 있어서 휠체어가 준비되지 않았답니다. 그래서 할머니와 딸이 1마일(약 1.6km)을 걸어가야 했다고 해요. 이처럼 퍼트리샤 할머니는 나이가 많다 보니 항공사 시스템에 의해 아기로 **오인**되는 일이 종종 있었답니다. 하지만 할머니는 이런 일들을 웃으며 넘겼지요.

### 어휘 쏙쏙

- **소동**: 어떤 사건이나 문제가 생겨 여러 사람들이 놀라 소란스러운 것
- **인식**: 사물을 구별하고 판단하여 아는 일
- **오인**: 잘못 보거나 잘못 생각함

## The 똑똑하게 신문 읽기

101세 퍼트리샤 할머니는 왜 1살 아이로 오해받았나요?

---

### 쏙쏙 경제 데이터 분석

**1인 가구 셋 중 하나는 노인이래요**

2022년 우리나라의 1인 가구가 전체의 34.5%라고 조사됐어요. 노인가구는 533만 명으로 23.8%예요. 노인가구 셋 중 하나 이상은 혼자 사는 독거노인이라고 해요. 기대수명은 82.7년이라고 합니다.

기대수명: 0세의 출생아가 향후 생존할 것으로 기대되는 예상 수명

---

### The 똑똑하게 생각하기

한국은 세계에서 가장 빠르게 늙어가는 국가예요. 2022년 65세 이상 인구 비중이 17.5%였어요. 2030년에는 26%가 돼 인구 4명 중 1명은 노인이래요. 할머니와 할아버지들이 편하게 여행할 수 있는 새로운 항공 예약 시스템을 만들어 보세요. 추가로 어떤 정보를 입력하면 좋을까요?

# 097 세계 최고 부자들의 줄다리기

일론 머스크와 마크 저커버그는 세계 최고 부자 순위에서 줄다리기를 하고 있어요. 최근 테슬라(Tesla)와 메타(Meta)의 **실적** 발표로 인해 두 CEO의 **자산** 가치가 크게 변동되었거든요.

일론 머스크는 테슬라 CEO로, 최근 테슬라 주가 상승으로 자산이 늘어나 세계 3위 부자 자리를 되찾았어요. 반면 메타 CEO인 마크 저커버그는 메타 주가 하락으로 자산이 줄어들어 세계 3위 부자 자리를 내주었습니다.

테슬라는 저가 전기차 출시와 자율주행 사업에 대한 계획을 발표하면서 주가가 크게 올랐어요. 반면 메타는 AI 투자 지출이 늘어날 것이라고 밝혀 주가가 하락했답니다. 이에 따라 머스크의 자산은 2일 동안 8조 원이 늘어났지만, 저커버그의 자산은 24조 8,000억 원이 줄었어요. 저커버그는 메타 주식 3억 4,500만 주를 보유하고 있기 때문에 주가 변동에 큰 영향을 받았어요. 이처럼 두 CEO의 자산 가치 변동은 각 회사의 실적과 주가 변동에 따라 달라지고 있답니다. 앞으로도 이들의 순위 변동이 계속될 것으로 보여요.

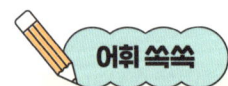

- **실적**: 실제로 이룬 결과나 성과
- **CEO**: Chief Executive Officer의 줄임말로 최고 경영자, 가장 높은 위치의 경영자
- **자산**: 경제적인 가치가 있는 것으로 돈으로 바꿀 수 있는 것

**CEO의 자산 가치가 변하는 이유는 무엇일까요?**

### 더기빙플레지(The Giving Pledge)를 아시나요?

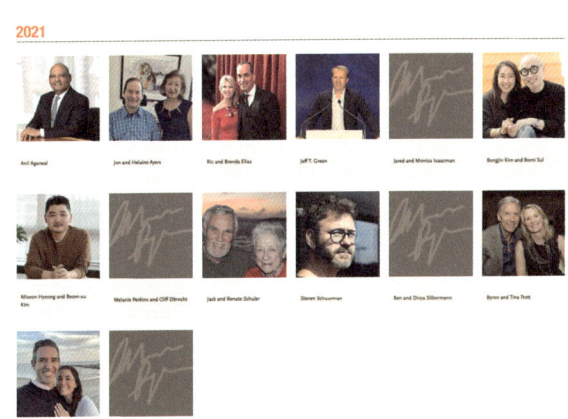

더기빙플레지는 2010년 빌 게이츠 마이크로소프트(MS) 창업자와 워런 버핏 버크셔 해서웨이 회장이 "억만장자들이 나서서 재산 절반을 기부하자"며 만든 기부 단체예요. 더기빙플레지에 가입된 사람들 중에 한국인도 2명이나 있어요. 2021년에 배달의민족 창업자인 김봉진 우아한형제들 의장과 김범수 카카오 이사회 의장이 더 기빙플레지에 가입하여 기부를 약속했답니다.

**부와 권력은 그에 따르는 책임과 의무를 가진다는 말로 '노블레스 오블리주'라는 말이 있어요. 그렇다면 여러분은 부자들이 사회에 대해 가져야 할 책임은 무엇이라고 생각하나요?**

## 098

## 세계 최초의 암호화폐, 비트코인이 뭐길래?

비트코인은 2009년 사토시 나카모토라는 필명의 프로그래머가 개발한 온라인 가상화폐예요. **암호화폐**라고도 하지요. 이 돈은 은행이나 정부의 도움 없이 사람들끼리 직접 화폐를 주고받을 수 있어요. 이렇게 돈을 주고받을 수 있게 해주는 것이 바로 블록체인이라는 기술이에요. 블록체인은 마치 장부와 같은 역할을 해요. 거래 내역을 기록하고 저장하는 거죠. '공공거래장부'로도 불리는 '블록체인'은 거래에 참여하는 모든 사람이 온라인상에서 같은 장부를 보관하고 기록해 나가는 **분산형** 운영 체계예요. 블록체인상에서 새로운 거래가 발생할 때마다 거래 정보 집합체인 '블록(block)'이 만들어지고, 이 내용을 모든 참여자가 허락하면 블록이 기존 장부에 꼬리를 물고 연결되면서 정보의 '**사슬**'이 형성되는 원리예요. 블록체인의 가장 큰 장점은 중앙 기관의 도움 없이도 안전하고 투명하게 거래할 수 있다는 점이에요. 이를 통해 비트코인과 같은 새로운 형태의 디지털 돈이 등장할 수 있었어요. 그러나 비트코인이 가치저장 수단이나 통화(돈)로 기능하기 위해서는 안정성이 필요한데 비트코인은 가치가 매일 달라지고 해킹의 위험성이 있다는 문제를 안고 있어요.

### 어휘 쏙쏙

- **암호화폐**: 안전한 거래를 위해 암호를 사용하는 가상화폐
- **분산형**: 모여 있지 않고 여러 개로 나뉘어 있는 경우
- **사슬**: 여러 개의 고리를 이은 것

장부는 장사를 하는 사람들이 거래 내역을 써 놓은 노트와 같은 것이에요. 암호화폐의 공공 거래 장부는 무엇인가요?

---

### 블록체인 거래 흐름

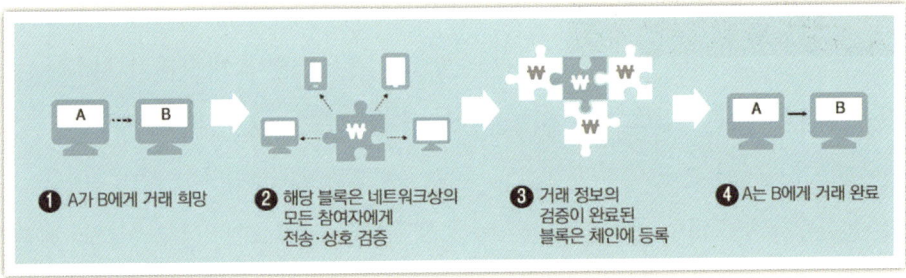

❶ A가 B에게 거래 희망   ❷ 해당 블록은 네트워크상의 모든 참여자에게 전송·상호 검증   ❸ 거래 정보의 검증이 완료된 블록은 체인에 등록   ❹ A는 B에게 거래 완료

마을에서 곡물을 사고팔 때, 예전에는 기록관이 따로 있어서 거래할 때마다 그 사람에게 가서 장부에 기록해야 했어요. 기록관이 자리를 비우면 몰래 장부를 바꿔치기해서 거래 내역을 숨기거나 곡물을 빼돌릴 수 있었죠. 하지만 블록체인을 사용하면 이런 일이 일어나지 않아요. 곡물을 사고팔 때마다 마을 사람들이 모두 모여서 거래 내역을 확인하고 각자의 장부에 기록하거든요. 거래 내역을 속이려면 모든 마을 사람의 장부를 훔쳐야 해요. 또한 별도의 기록관이 필요 없어서 거래 시간과 비용도 많이 줄어들어요. 그리고 해킹도 사실상 불가능해요. 마을 사람들이 실시간으로 거래 내역을 기록하고 보관하기 때문이죠.

**블록체인 기술을 사용하면 거래 내역을 기록하는 사람이 필요 없다고 하는데 이유는 무엇인가요?**

① 거래 내역을 숨길 수 있어서
② 거래 내역이 여러 사람의 장부(블록)에 동시에 저장되기 때문에
③ 거래 내역을 빼돌릴 수 있어서
④ 거래 내역을 정부가 관리하기 때문에

정답: ②

## 099
## 케첩 한 번 뿌려도 "돈 내세요." 스텔스플레이션 현상

전 세계적으로 기업들이 제품 용량을 줄이거나 서비스를 없애는 방법으로 가격 인상을 하고 있어요. 영국 이코노미스트는 '2024 세계대전망'에서 "내년에는 스텔스플레이션이 심해질 것"이라고 분석했어요. '스텔스플레이션'은 레이더에 잡히지 않는 스텔스 전투기처럼 소비자**물가 지수**나 생산자 물가 지수에 잡히지 않는 방식으로 물가 상승이 이루어지는 것을 말해요.

예를 들어 호텔이나 항공사에서 체크인 수수료를 받거나, 식당에서 테이크아웃 고객에게 포장 수수료를 청구하는 것, 불필요한 팁을 요구하는 일이 스텔스플레이션의 사례예요. 또한 **프랜차이즈** 매장에서 공짜로 제공하던 케첩이나 소스, 1회용 식기에 비용을 청구하는 것도 해당되지요.

각국 정부는 이를 막기 위한 대책을 마련하고 있어요. 미국 정부는 '**정크 수수료**'와의 전쟁을 선포했고, 브라질과 프랑스, 독일 등에서는 제품 용량 변경 시 소비자에게 알리는 것을 의무화하는 법안을 추진하고 있어요.

- **물가 지수**: 물가 수준이 시간에 따라 증가하는지 감소하는지 보기 위한 숫자
- **프랜차이즈**: ○○편의점, ○○커피숍처럼 본사에서 제공하는 재료와 운영 방법을 가지고 장사하는 사업 형태
- **정크 수수료**: 정크는 쓰레기라는 뜻으로 불필요한 핑계나 이유로 소비자에게 내게 하는 수수료

스텔스플레이션의 사례 2가지를 들어보세요.

1. _____

2. _____

### 애그플레이션

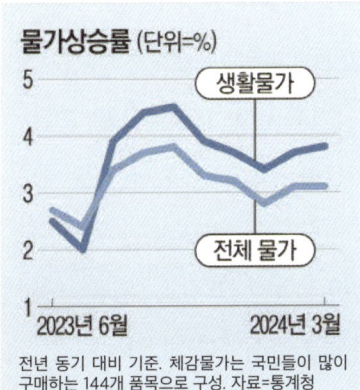

소비자 물가상승률이 두 달 연속 3%대를 기록하고 있어요. 이유는 농산물 가격이 너무 비싸졌기 때문이에요. 사과, 배의 가격이 80% 이상 올라 물가 상승에 큰 영향을 미쳤어요. 이렇게 농산물 가격 인상이 일으킨 인플레이션을 애그플레이션(Agflation)이라고 해요. 농업을 뜻하는 Agriculture(애그리컬쳐)와 물가 상승을 뜻하는 Inflation(인플레이션)을 합쳐 부르는 말이에요.

프랜차이즈 매장에서 공짜로 제공하던 케첩이나 소스에 비용이 붙는다면 어떤 불편함이 있을까요? 이런 변화가 우리 가족의 식생활에 어떤 영향을 줄지 생각해 보세요.

# G20 정상회의, 어떤 나라가 참여하고 무엇을 의논할까?

G20은 세계 주요 20개 국가의 정상들이 모여 세계 경제와 금융 문제를 논의하는 국제 협력 기구예요. G20은 2008년 **글로벌 금융 위기** 이후 세계 경제를 안정시키기 위해 만들어졌어요. G20 정상회의에서는 세계 경제 회복, 기후 변화 대응, 국제 금융 시스템 개선 등 다양한 주제를 논의해요. 최근에는 러시아·우크라이나 전쟁과 같은 문제도 중요한 **의제**가 되고 있어요.

G20 회원국으로는 주요 선진국인 미국, 영국, 독일, 프랑스, 일본, 대한민국이 있어요. 회원국이 모두 세계를 대표하는 주요 국가이지만 경제 지표만으로 회원국을 뽑지는 않아요. 인구, 대륙별, 지역 **안배**, 경제적 잠재성, 국가 내 정치 안정성 등 다양한 요소를 고려해서 회원국을 결정해요. 이에 중국, 인도, 브라질, 러시아 등 주요 신흥 경제국들도 참여하고 있답니다.

G20 회원국은 세계 GDP의 약 90%, 무역 총액의 약 80%, 전 세계 인구의 2/3를 차지해요. 그만큼 세계 경제 방향을 바꿀 수 있는 주요 국가들의 모임인 것은 분명하지요. 이렇게 주요 국가들이 모여 다양한 의제를 의논하고 협력하면서 세계 경제 안정화와 지속 가능한 발전을 위해 노력하고 있답니다.

### 어휘 쏙쏙

- **글로벌 금융 위기**: 2008년 미국 금융회사의 파산을 시작으로 전 세계의 경제가 위기를 맞은 사태
- **의제**: 회의의 주제나 안건
- **안배**: 알맞게 잘 배치함

**G20은 왜 만들어졌나요?**

### G20 회원국

| 구분 | 국가 |
|---|---|
| G7 | 미국, 일본, 영국, 프랑스, 독일, 캐나다, 이탈리아 |
| 아시아·대양주 | 한국, 중국, 인도, 인도네시아, 사우디아라비아, 호주 |
| 라틴아메리카 | 아르헨티나, 브라질, 멕시코 |
| 유럽 | 러시아, 터키, EU |
| 아프리카 | 남아프리카공화국 |

G20의 회원국은 GDP로 봤을 때 스페인, 네덜란드, 스위스를 제외한 20위권 규모의 국가예요. 20위 밖인데 회원인 나라는 아르헨티나, 남아프리카 공화국이 있어요. GDP 10위권 국가 중 스페인과 네덜란드는 유럽연합에 소속되어 간접적으로 참여하고 스페인은 G20 정식 회원국은 아니지만 영구 초청국이랍니다.

**만약 우리나라가 G20 의장국이 된다면, 어떤 주제를 중점적으로 다루면 좋을까요?**

# 부록

# 기사 원문 보기

# Part 1. 나

 눈에 보이지 않는 위협, 1리터 생수병에 미세플라스틱 24만 개

영화관이 아침 일찍 온 사람들에게 할인해 주는 이유

 한 번 고객은 영원한 고객, 어린이 고객을 잡아라!

코로나19 이후 소아비만이 늘었다!? 예방과 관리 적신호

 맛있는 빅맥, 그 나라에서는 얼마예요?

혹시 나도 영츠하이머?

 기업에 '혼쭐'내고 '돈쭐'내는 소비자 트렌드

모르면 손해 넘어 피해, 학교에서 경제·금융을 배우다

 단돈 천 원도 안 되는 상품 쏟아지는 곳 어디?

급식실 특명, 잔반을 줄이고 환경을 지켜라!

탕후루와 포켓몬빵, 인기가 많아지면 몸값이 올라가는 이유

요금제를 마음대로 선택, 통신사 울타리 밖으로 나가는 이용자들

잘파세대가 세뱃돈을 받으면 생기는 일

늘어난 무인점포, 빛과 그림자는 무엇일까?

왜 사람마다 신용 점수가 다를까?

삼겹살 1인분에 2만 원 시대

매운맛 챌린지 열풍 타고 K라면 신드롬

초등학교 입학하면 20만 원 드려요. 교육비 지원이 늘어나는 이유

뉴진스는 아는데 누진세는 무엇일까?

금메달 따고 받은 포상금에도 세금이 부과될까?

# Part 2. 가족

 청첩장·부고장 이어 과태료 안내까지… 손대는 순간 다 털린다

중고차 살 때도 클릭, 거래 57%가 온라인

 한우 vs 실속세트 설 선물 양극화 가속

어차피 다시 안 볼 손님? 지역축제 바가지 논란과 방지 대책

 주차할 곳 없어 매일 주차 전쟁, 어떻게 해결할까?

세 자녀 있는 가족은 열차 반값에, 다자녀 복지의 효과

 야근·주말 금지하고 출산 선물 지원하는 '가족친화기업' 인증제

월급 절반이 학원비로!? 가정 경제에 부담을 주는 사교육비

 "예쁜 내 강아지, 아프면 어떡하지?" 펫보험 시장 급성장

 집 사는데 세금을 1억 원 내라고요?

 잘 받던 연금 갑자기 뚝 끊겨, 기초연금의 위기

 "나이 들어 아프면 누가 돌봐주죠?" 초고령사회에 노인 간병 부담

 국제결혼 이제는 진짜 대세로

 법으로 불효자를 막는다!? 부모와 자식 간의 상속과 증여

 어렵게 모은 3만 원을 기부한 세 아이 아빠, 기부도 경제 활동

 재테크와 교육을 한 번에, 재듀테크 뜬다

 "음주운전 가해자, 피해가족 양육비 내라." 한국판 벤틀리법

 집과 회사 오가며 '하이브리드 근무', 중소기업에 더 많은 이유

 "능력은 있는데 경력이 끊겨서." 경력단절 여성이 고용난 해결할 열쇠?

 부자들 10명 중 4명은 매일 가족과 식사한다

# Part 3. 이웃

 어린이 고객 어서 오세요! 노키즈존 아닌 웰컴 키즈존

짠테크 끝판왕의 중고거래

 붕어빵 가게가 줄어든 이유

로봇이 서빙을 한다고? 사람과 로봇의 협업 시대

 내 최애 아이돌이 가상인간이래요

꼭 구입해야 하나요? 빌려 쓰는 공유 경제 시대

 외국인 유학생 20만 명 시대

용량은 그대로인데 가격만 꼼수 인상, 슈링크플레이션 현상

 마스크 벗고 돈 좀 써볼까? 참아온 시간을 보복하듯 소비하다

 프랑스 정부가 수영장 100개를 채울 만큼 많은 양의 와인을 버린 이유

환경을 보호하면 나랏빚을 깎아준다!? 환경과 부채의 맞교환

 우리 것이 힙하네! 지역 특색으로 일으키는 경제 효과

톡톡 튀는 체험형 매장, 공간 자체가 마케팅이 되는 마법

 돈 돈 돈의 역사

부모 속 태우는 등골 브레이커를 아시나요?

 돈으로 시간을 살 수 있나요?

충동구매 멈춰! 통장이 텅장이 안 되려면

 손흥민 선수는 어느 나라에 세금을 낼까요?

"신고 안 했잖아~" 독일 공항에서 붙잡힌 터미네이터

 층간소음은 어떻게 해결해야 할까요?

# Part 4. 나라

 이대로면 생산인구 35년 후 반토막… 일손·군대·학교도 소멸 위기

어른들이 더 좋아하는 장난감, 키덜트 시장이 자란다

 3조 8,800억 원, 폐기된 화폐

한국인 경제 이해력 60점 안 돼

 한국인의 해외여행 사랑, 지난해 카드로 25조 원 긁었다

한국 자동차 왜 이렇게 잘나가지?

 매주 일요일 대형마트서 장보고 지방에서도 새벽 배송 가능

한국 우유는 왜 비쌀까?

 소비자물가 3.1% 상승… 두 달 연속 3%대

 문화재 테러, 강력 처벌 본보기 보여야

K디스카운트 해소 땐 1인당 1,400만 원 이득

 넓어진 K콘텐츠 지도

'한 돈' 돌 반지 40만 원 웃돌아… 가게 팍팍한데, 내다 팔아?

 극지연구소, 200년 대기 비밀 밝힌다

이 나라가 한국 라면에 빠졌다고?

 이젠 알바생 안 써도 되겠네

500만 돌파한 노인가구, 36%는 혼자 산다

 김포에서 잠실까지 15분, 손님 태우고 하늘 나는 택시

머나먼 내 집 마련, 서울 주택보급률 13년 만에 최저

 의대 정원 늘려도… 외과 대신 '피부과' 불 보듯

# Part 5. 세계

초콜릿은 신이 내린 선물이라고?

빨리 만들고, 빨리 팔린다. '패스트패션' 시장

나사에서 새로운 우주비행사 찾습니다! 너도 도전해 볼래?

너무 많이 와서 골치, 오버투어리즘 현상과 해결책

쓰레기 분리수거만 해도 포인트 적립, 순환하는 경제

진짜처럼 보이는 가짜, 딥페이크 기술의 빛과 그림자

4D 작업을 수행하는 로봇, 안전한 미래 만들어 줄까?

스스로 죽음을 선택할 권리, 안락사를 둘러싼 논란

화폐 속 주인공은 누가 되는 걸까?

 엔화 가치가 떨어지면 일본 여행객이 늘어나는 이유

세상에서 가장 행복한 나라

 얼마나 경제력이 있는 나라일까? GDP의 의미

미국이 기침하면 한국이 감기에 걸린다!?

 회색 코뿔소와 검은 백조, 위험에도 종류가 있다

이제 식량이 무기, 전쟁이 불러온 식량 위기

 1살이 아니라 101살이라고요?

세계 최고 부자들의 줄다리기

 세계 최초의 암호화폐, 비트코인이 뭐길래?

케첩 한 번 뿌려도 "돈 내세요." 스텔스플레이션 현상

 G20 정상회의, 어떤 나라가 참여하고 무엇을 의논할까?

# 하루 한 장 초등 경제 신문

**초판 1쇄** 2024년 7월 3일
**초판 7쇄** 2025년 12월 25일

**지은이** 윤지선 김선
**감수자** 퍼핀
**펴낸이** 허연
**편집장** 유승현

**편집부** 김민보 정혜재 고병찬 이예슬 민경연
**마케팅** 한동우 박소라 김영관
**경영지원** 김정희 오나리
**디자인** 김보현 한사랑

**펴낸곳** 매경출판㈜
**등록** 2003년 4월 24일(No. 2-3759)
**주소** (04557) 서울시 중구 충무로 2(필동1가) 매일경제 별관 2층 매경출판㈜
**홈페이지** mkbook.mk.co.kr    **스마트스토어** smartstore.naver.com/mkpublish
**페이스북** @maekyungpublishing    **인스타그램** @mkpublishing
**전화** 02)2000-2631(기획편집) 02)2000-2646(마케팅) 02)2000-2606(구입 문의)
**팩스** 02)2000-2609    **이메일** publish@mkpublish.co.kr
**인쇄·제본** ㈜M-print  031)8071-0961
**ISBN** 979-11-6484-693-1(73320)

© 윤지선 김선 2024

책값은 뒤표지에 있습니다.
파본은 구입하신 서점에서 교환해 드립니다.